성공하는 사람들의 99가지 화술

성공하는 사람들의 99가지 화술

4판 1쇄 발행 Ⅰ 2022년 11월 25일
4판 5쇄 발행 Ⅰ 2025년 1월 10일

지은이 Ⅰ 조 지라드
펴낸이 Ⅰ 이현순
엮은이 Ⅰ 김주영
펴낸곳 Ⅰ 백만문화사
주소 Ⅰ 서울 마포구 토정로 214 (신수동)
전화 Ⅰ 02)325-5176 **팩스** Ⅰ 02)323-7633
신고번호 Ⅰ 제 2013-000126호
이메일 Ⅰ bmbooks@naver.com
홈페이지 Ⅰ www.bm-books.com
Translation Copyright©2022 by BAEKMAN Publishing Co.
Printed & Manufactured in Seoul, Korea

ISBN 978-11-89272-32-6 (03320)
값 16,000원

화술의 성공 알고리즘

인생은 말로 시작해서 말로 끝난다!

성공하는 사람들의

99가지
화술

조 지라드 | 김주영 엮음

상대를 움직일 수 있는 말의 힘!

백만문화사

인간의 일생은 말로 시작하여 말로 끝난다고 하여도 과언이 아니다.

우리는 의식이 있는 한 끊임없이 누군가와 대화를 나누며 생활한다.

아기는 울음으로 자신의 의사를 밝히지만 자라면서 언어를 배워 다양한 방법으로 자신을 표현한다.

인간은 살아 있는 동안 끊임없이 말하고 남이 하는 말을 듣는다. 말이 없는 인간 생활은 상상할 수 없다.

대화는 인간 생활을 영위하는 데 있어서 거의 모든 부분에 필요하다.

오늘날과 같이 과학이 고도로 발달하고 버튼 하나만 누르면 모든 것을 알아서 처리해 주는 시대일수록 대화는 더욱 필요하다.

대화의 필요성을 인식하지 못하거나 무관심한 사람은 인생 항로를 순탄하게 항해하지 못한다.

고객을 설득시키지 못하는 세일즈맨, 부하를 설득시키지 못하는 상사, 재판관을 설득시키지 못하는 변호사. 이들은 대화의 중요성을 깨닫지 못해 인생 항로에서 벗어난 것이다.

사람이 대화를 통해서 상대를 설득하여 자기 뜻대로 움직일 수 있는 힘을 가진다는 것은 성공을 보장받을 수 있는 자격증을 딴 것과 마찬가지이다.

우리는 인생에 필요한 모든 것을 타인을 통해 얻으며 타인과 함께 나누며 공유한다. 이렇게 귀중한 타인과 잘 지내고 의사 소통을 원활히 하며 함께 생활하기 위해서는 그에 적절한 방법을 익혀야 한다.

그 방법을 본서에서 구체적으로 자세하게 다루었다. 이 방법을 실행하여 독자들 모두 인생에서 성공하기를 바란다.

차례

제1장

마음을 움직이는 비결

말과 제스처를 동시에 사용한다

말에는 진실이 가득 담겨 있는 것 같으나 표정이 무관심하고 덤덤한 채 있으면 상대에게 호감을 줄 수 없다.

말과 표정은 대화의 진도에 커다란 영향을 끼친다.

이야기 속에 진실이 어느 정도 담겨 있나 하는 것을 짐작할 수 있는 척도는 말하는 태도이다. 때문에 태도의 중요성은 대화를 이루는 데 중요한 관건이 된다.

바꿔 말하면 "입만큼이나 신체도 말하고 있다."고 할 수 있다. 여기서 신체가 말을 한다는 것이 특별한 의미를 지니는 것은 아니다. 현대의 대화에는 이미 학문적으로는 '키네식스'라 하여 원래 정신의학, 특히 심리요법 분야에서 나온 말이다. 정신과 의사가 환자와 만날 때 환자의 신체에서 엿보이는 증세와 환자의 입을 통해 나온 말을 조화시켜 치료한다는 측면에서 나온 용어이다.

이러한 보디랭귀지는 특히 요즘 많이 나오는 '비즈니스 세일즈' 부문의 지침서에서는 성구로 간주할 정도이다.

말과 표정이 따로따로이면 상대의 의혹을 사게 될 여지가 다분하다는 것에 주의해야 한다.

반대로 이와 같은 사실들을 잘 활용하면 상대의 마음을 쉽게 붙잡을 수 있다.

말과 태도를 일치시키는 것은 별로 특별한 일이 아니다. 이야기에 따라 표정이 바뀌거나 몸짓에 변화가 오는 것은 당연하다.

그러나 당연한 것을 잘 실행하지 못하는 것이 우리들이다. 모두 흥미와 관심을 북돋울 생각만 할 뿐 말이 전달되는 과정은 염두에 두지 않는다. 이것은 훌륭한 연설의 비결이 자연스런 표정과 몸짓에 있다는 기초적인 사실을 이해하지 못한 데서 나온다.

꽃은 향기로운 냄새로만 사람의 마음을 끌지 않는다. 꽃의 생김 역시 중요하다. 말의 내용이 향기라면 태도는 꽃의 생김이다. 생김도 예쁘고 향기도 좋은 꽃이 사랑을 받는 것은 당연하다.

흔히 변명을 능란하게 하는 사람일수록 능청스러울 정도로 몸짓이 요란하다. 하지만 우리는 진지한 말의 내용에 적당한 분위기를 풍기는 태도 정도로 하자.

훌륭한 무사의 칼 놀림이 요란하지 않듯 조용하면서도 언행이 일치하도록 하면 된다.

*02

최고라는 **자랑**은 하지 않는다

"핸드폰 하면 SK입니다." "이것이 세계 제일의 노트북입니다."

이런 선전 문구에 현혹되는 사람은 요즘은 찾아보기 힘들다. 어디선가 독선적인 냄새를 풍겨 거만스럽게 느껴지는 탓이다.

지나친 과장과 선전이 도리어 소비 충동을 억제하는 결과를 빚는다는 것은 광고 선전을 담당한 기획자들 사이에 주지의 사실이 되어 버렸다.

따라서 겸손의 바탕 위에 성실한 자세를 강조하는 것이 상대의 호감을 끄는 요소임을 간파하고 있는 유능한 기획자는 상품의 질적인 장점을 내세워 그것만을 선전한다.

오늘날 최상급의 선전은 구제를 받고 있다. 어느 기업이든지 '가장 우수한', '유일한'이라는 최상급 대신 '△△가 좋은', 'ㅇㅇ에 주효한' 등으로 꼬집어 선전해야 한다.

한 사업가가 사업차 어떤 도시에 가게 되었다. 한 호텔에 들어섰는데 외관은 허술했으나 실내는 특급 호텔에 못지 않은 호화 시설이었다.

내심으로 감탄하면서 방안으로 들어서다가 웨이터에게 한마디 물어보았다.

"이 호텔이 이곳에서 제일 가는 호텔인가요?"

그러자 웨이터는 공손히,

"아닙니다. 한 네 번째쯤 될 겁니다. 그러나 최고가 되려고 모두 노력하고 있습니다."

웨이터의 그 말이 그에게 대단한 호감을 불러일으켰다. 그는 그 후 그 호텔의 단골이 되었다.

최고가 아닌 상황에서 최고를 지향하는 노력은 대단한 것이다.

정상을 정복하려는 끈기와 성실에는 누구든지 감탄을 아끼지 않는다. 그러므로 최상급에 있는 존재보다는 그 아래에서 최상급을 지향하는 자세를 갖춘 존재가 더욱 사람들에게 강한 인상을 주어 마음이 끌리게 한다.

아름다운 아가씨가 있었다. 전형적인 미모의 조건을 모두 갖춘, 그래서 자기도 모르는 사이에 오만하게 보이고 또 오만해진 아가씨였다.

그런데 이 아가씨에게는 고민이 있었다. 주위의 사람들이 자기에게 너무 찬사를 보내기 때문에 행동은 물론 말을 하는 데도 여간 부담스러운 게 아니며, 거만하다고 인정받아 친구들에게 따돌림받고 있었기 때문이다. 나는 단 한마디 충고를 해주었다.

"당신은 스스로 최고의 미인임을 인정하고 있죠? 하지만 지금부터 당신은 미에 있어서 제2인자라고 생각하십시오."

그때부터 그녀는 친구들과 동격의 입장에서 잘 어울리게 되었으며 겸손하게 보이도록 노력하여 주위 사람들에게 진심어린 찬사를 받게 되었다.

지나친 과장은 진실성이 결여되었음을 말한다. 과대 선전으로 내용을 위장하면 호감을 받지 못한다.

진실된 자세가 상대의 호감을 끌어내는 첫째 조건이다.

*03

경쟁 심리를 자극한다

인간은 부단히 투쟁하며 삶을 영위하는 존재이다. 그 부단한 투쟁은 곧 타인과의 싸움이며 끊임없는 경쟁이다. 인간에게는 경쟁 욕구가 있고, 또 그 경쟁 심리가 작용하여 승리하고자 하는 끈질긴 집념을 잉태시키는 것이다. 상대의 능력을 신장시키기 위해서는 경쟁 심리를 자극하여 '해보겠다.'는 의욕을 불러일으켜야 한다. 라이벌은 오히려 필요악이어서 능력을 키우는 데 적절히 이용할 수 있는 존재이다. 라이벌이 없는 정치가나 실업가가 성공한 예는 없다는 말이다. 정치가는 정적이 있어야 성장할 수 있고 실업가도 라이벌이 있어야 더욱 발전할 수 있다는 이야기는, 평범한 사람들도 경쟁 상대가 있으면 더욱 발전할 수 있다는 지혜를 가르쳐 준다.

"능률 증진의 길은 경쟁심을 자극시키는 데 있다. 이권에 눈이 먼 그런 경쟁이 아닌 명예심의 경쟁을 이용한다."

찰스 슈와프는 이것을 자기 공장 직공들에게 이용했다.

그의 공장은 주야로 교대하는 체제였는데 능률이 신통치 못하여 골몰해 있던 차였다. 그래서 그는 주간 근무자들이 그 날의 실적을 보고하면 사람들이 쉽사리 볼 수 있는 위치에 그것을 숫자로 적었다. 예를 들어 60의 실적을 보였으면 60이라고 적었다. 그리하여 야간 근무자들이 교대하고 들어설 때 주간 근무자들의 실적을 보고 고무되어 더욱 실적을 올리고자 하는 경쟁심을 자극하였다. 그 결과 오래지 않아 그 숫자가 100을 가리키게 되었다.

세상사는 크건 작건 경쟁으로써 성장·발전해 나가는 것이다. 그 중에서도 명예욕에 대한 경쟁심은 정신적으로 굉장히 큰 영향력을 행사하며 더욱 큰 뜻을 품을 수 있도록 자극한다.

성공한 사람들의 대부분은 그들의 부를 자랑하지 않는다. 그들이 내세우고자 하는 것은 사업이다. 자기의 가치를 돈으로 저울질하기보다는 능력으로 평가받기를 원한다. 사업의 능력을 배가시키고자 하는 기업가는 경쟁자를 압도하는 문제를 우선적으로 생각한다. 조건의 좋고 나쁨, 능력의 여부를 불문하고 자신보다 높은 위치에 서 있는 상대를 목표로 돌진하는 것이다.

인간 최대의 인내와 투지력을 겨루는 마라톤 경기에서도 선두주자는 가장 외롭다. 2위로 달리는 선수는 1위를 압도하려고 피치를 올릴 수 있으나 선두에서 달리는 선수는 압도할 경쟁자가 없기 때문에 심리적으로 불안하다는 것이다. 인생도 마라톤이라고 한다. 길고 긴 한평생의 삶은 문자 그대로 마라톤 경기를 방불케 한다. 그러나 항상 선두에 서서 의연할 수만은 없는 것이 인생이다. 월등한 실력을 가진 사람이 당신을 추월할 수도 있고, 지구력이 뛰어난 사람이 추월의 기회를 포착하려고 항시 노리고 있을 수도 있다.

그러므로 인간은 경쟁 심리의 자극을 피할 수 없는 숙명적 존재이다.

따라서 상담을 시작했을 때는 상대의 경쟁 심리를 자극하는 것이 좋다.

*04
기회는 단 한번뿐임을 강조한다

중국의 한 고조가 제위에 오르기 2년 전(BC 204)의 일이다. 한신은 위나라를 무찌른 여세를 빌어 조나라로 진격했다.

그때 조나라는 정경 땅의 좁은 길목에 20만의 정병을 집결시켜 만반의 대비를 하고 있었다.

한신은 정경 어귀에 이르러 몇 가지 계략을 짜내었다. 적을 유인하여 성 밖으로 끌어낸 다음 빈 성을 공격하는 작전과, 강물을 뒤로하고 군사들을 포진시킨다는 작전이었다.

조나라에서 살펴보니 한신의 군대가 어리석게도 강물을 뒤로하고 포진하고 있자 가소롭게 생각한 나머지 군병을 총동원하여 공격을 개시하였다.

이때 한신은 그의 포진을 우려하는 휘하 장졸들에게 말하기를,

"병서에 보면 자신을 시경에 빠뜨림으로써 비로소 살아 남을 수 있다고 했다. 이제 내가 취한 이 방법도 바로 그런 것이다.

삶은 오직 한 길밖에 없다. 여기에서 여차하면 죽음만이 기다릴 뿐이다.

살아나갈 길은 단 하나, 적을 무찌르는 일이다."

라고 강경히 나왔다. 부하들은 죽기를 무릅쓰고 싸워 조나라의 20만 정병을 파죽지세로 격퇴시켰다. 한신은 한 번의 기회뿐임을 장졸들에게 강조하여 강렬한 용기를 불러일으켰던 것이다.

이 이야기는 유명한 '배수의 진'이라 하는 것으로 최후의 기회에 전력을 투입하는 것을 이르는 말로 쓰이고 있다.

거듭 실패를 하여 실의에 빠져 있는 상대를 분발시키기는 상당히 어렵다.

도전해 보겠다는 욕망이 무산됐기 때문에 다시 한번 욕망의 불을 지피고자 하는 의욕도 상실해 있다.

이런 상대를 분발시키려면 의욕을 다시 일으키는 것도 문제이지만 촛불처럼 연약한 그 의욕을 얼마만큼 키울 수 있는가 하는 것도 문제이다.

격려와 조언으로 의욕을 북돋아주었다 해도 성공의 용기를 채 갖지 못한 상대에게는 일생에 단 한 번뿐인 기회임을 강조하자.

단 한 번의 기회는 때로 무서운 결과를 초래할지도 모른다는 것을 시사하자.

마지막 단 한 번뿐이라는 것을 강조해주어 의욕을 되살린 상대를 더욱 채찍질하면 그는 상상외의 강력한 용기를 보여줄 것이다.

의식적으로 부탁을 한다

교수 하면 어딘가 무겁고 보수적인 인상으로 학생들에게 받아들여지는 것이 보통이다.

대학에서 '소설론'을 강의하는 모 교수는 학생들에게 절대적인 인기를 얻고 있다.

그는 강의실에 들어와서 우선 칠판에 그 날의 강의 주제를 가득 적는다. 그리고 학생들이 열심히 받아쓰려고 하면 아주 자연스런 표정으로,

"어이, 누구 담배 없나?" 하면서 학생들에게 담배를 청한다. 이것이 그의 인기 비결이다.

원래 '체인 스모커'인 탓도 있었으나 학생과 교수라는 형식적인 관계를 염두에 두지 않고 게다가 40여 년의 연령차를 무심하게 돌리는 그의 요구는 순식간에 학생들에게 '내가 드려야지.' 하는 분발심과 충동을 불러일으키기에 충분했다.

이와 같이 상대에게 부탁할 일이 있음을 정중히 말하면 열이면 열 모두

가 자기가 도움을 주고자 한다.

물론 이 경우, 부탁을 하는 사람은 사회적인 지위가 상위이거나 연령이 위에 있어야 한다.

항상 하위에 있는 사람은 위에 있는 사람에게 열등감을 갖고 있어서 자기를 필요로 하는 사람이 자기의 지위보다 높을 경우 부탁을 받으면 자기를 돋보이는 계기로 삼으려 한다.

한편으로는 상급자도 못하는 일을 하급자인 자신이 수행함으로써 순간적이나마 상급자를 열등한 위치에 놓으려고 하는 심리적인 갈등이 작용하기도 한다.

그러나 오늘날의 사회 구조를 철저히 파헤쳐 보면, 상급자와 하급자의 사이는 봉건제도의 주종 관계 못지 않아 묘한 대립과 갈등을 내포하고 있다. 즉 상급자는 대개 하급자에게 자기의 약점이 노출되는 인상을 줄 수 있는, 이른바 부탁의 말을 건넬 줄 모른다. 그러니 대통령에게 누가 바른 말을 하겠는가 그래서 제왕적 대통령이라는 말이 생긴 것이다.

특히 직장에서의 불화는 잘못된 언어의 선택으로 빚어진다.

하급자에게 있어서 상급자의 말투는 무척 영향이 크다. 아랫사람의 분발력을 촉구할 경우에는 상대가 자기보다 우위에 설 수 있다는 감정을 느낄 수 있는 말씨를 사용해야 한다. 순간적이나마 사회적인 위치를 역전시켜 상대의 만족감을 유도하는 것이다.

위의 예를 보더라도 일반적으로 '대학교수는 근엄해야 한다.' 라는 통념을 뛰어넘어 학생들에게 사소한 부탁을 함으로써 그들의 영웅심을 자극했다고 볼 수 있다.

사람은 누구나 열등감이 우월감으로 변화할 때 분발하게 되는 것이므로 정중한 부탁의 말로 상대를 압도할 일이다.

*06

양자택일을 시킨다

무슨 싸움이든지 생과 사의 극한 상황에 놓이게 되면 둘 중의 한 '카드'에 승부를 걸고 결단을 내리지 않으면 안 된다.

입학시험에 실패한 학생, 사업에 파산한 사업가, 천재를 만나 한해의 농사를 그르친 농부 등 실패를 맛본 사람들은 모두 생과 사의 기로에서 고통을 받게 마련이다.

이렇게 절망에 빠진 사람을 설득하려면 양자택일을 권유할 수밖에 없다. 차제에 아주 단념해 버리고 말든지, 혹은 더욱 분발해 보도록 자신감을 갖든지 두 가지 중에 하나를 선택하여 처신하라고 해야 하는 것이다.

그러면 대개의 경우 무기력하게 주저앉기보다는 다시 한번 부딪쳐 보겠다고 마음먹게 마련이다.

기복 없이 얻은 영광이란 값어치 없고, 고통 없이 얻은 기쁨은 그리 즐거운 것이 아니다.

사람은 살다보면 숱하게 시련을 접하게 된다. 한 고개를 넘어서면 또 다른 고개가 기다리는 식으로 시련이 첩첩 쌓인 생활의 연속이다.

이를 극복하지 못하면 좌절하는 사람은 인생 성공의 뒤안길을 헤맬 뿐이다.

불행한 사람들의 특징은 그것이 곧 불행인 줄 알면서도 그쪽으로 간다는 점에 있다.

"우리 앞에는 불행과 행복의 두 갈래 길이 언제나 있다. 우리 자신은 이 두 길 중에 어느 한 길을 택하지 않으면 안 된다."

누구든지 자기가 가는 길이 불행한 길이라는 것은 정확히 알 수 없다.

영감으로 불행할지도 모른다는 그런 기우 정도는 가질 수 있으나 어떤 길을 갈 것인가를 홀로 선택하기란 실로 어렵다.

"자유가 아니면 죽음을 달라."

고 외친 패트릭 헨리는 자유의 선택을 최선으로 판단했으며, 알프스를 넘던 나폴레옹은 넘느냐 안 넘느냐의 선택을 앞에 두고

"불가능이란 없다."

라는 외침으로써 넘는 것을 선택했다.

그러나 실의에 빠져 있는 상대를 분발시키려면 선택의 효과를 이용해야 한다.

"더 좋은 방법을 택할 수 없으면 죽음밖에 없다."

라는 극단적인 명제를 주면 어느 사람이라도 죽음보다는 차라리 한 번 더 부딪쳐 보고 싶은 충동에 사로잡힌다.

칠전팔기의 대명사로 불리는 김대중 대통령도 대통령 선거에서 두 번씩이나 연패하여 절망에 빠졌을 때, 그대로 침몰하기보다 상처투성이인 자신의 배를 혼신의 힘으로 조정하여 결국 최후의 목표에 도달했다.

인간에게 극한 상황의 선택을 부여하면 예기치 못했던 용기를 보여주는 법이다.

*07

상대에게 잠재되어 있는 **장점을 지적**한다

우리와 만나는 여러 계층의 사람들을 분발하도록 하여 최대의 능력을 발휘시키려면 그들에게 잠재해 있는 장점을 인정해야 한다.

잠재적 장점은 스스로 발견할 수도 없고, 하기도 어려운 것이다. 저명한 심리학자 윌리엄 제임스는,

"우리의 선천적 재주와 기존해 있는 인격을 비교해 보면 인격 완성의 도중에서 헤매이는 것밖에 아무것도 아니다. 우리는 정신적으로나 육체적으로나 그 자원의 반도 못 쓰고 있다. 광의적으로 말하면 모든 사람은 이렇게 제한을 받으면서 산다. 사람은 제 스스로 잘 쓰지 못하는 여러 가지 잠재적 힘을 지니고 있는 것이다."

라고 말해 사람들이 스스로의 잠재 능력, 바꾸어 말하면 잠재적 장점을 제대로 발견하지 못하고 있으며 더욱이 발휘도 못하고 있다는 것을 지적했다. 그러므로 상대의 장점을 지적하여 그 자신도 모르고 있던 새로운 가치를 인식시켜 주는 것은 곧 분발을 꾀할 수 있도록 도와주는 것이다.

런던의 상점 점원으로 있던 한 청년은 아침 다섯 시의 청소를 시작으로 만 열 네 시간을 계속 일해야 했다.

그러나 1년 뒤엔 더 이상 계속할 수가 없어 옛 스승에게 괴로운 심정을 호소하는 장문의 편지를 띄웠다. 청년은 자신의 처지를 비관하여 자살까지 생각했으나 옛 스승의 회신은 그에게 새로운 용기를 불러일으켜 주었다. 그 스승은 청년이 발휘하지 못한 장점을 훌륭히 키워주기 위해서 교사 자리를 비워 두고 있었다는 내용의 회신을 보냈던 것이다.

드디어 그 청년은 잠재되어 있던 재능을 발휘했고 마침내는 영국 문단 사상 77권의 책을 저술한 문호의 칭호까지 듣게 되었다. 그 청년은 바로 H. G. 웰스였다.

세상은 누구나 제한된 능력밖에 발휘하지 못하는 구조를 이루고 있다. 그래서 우리는 흔히 무엇이 자기의 능력을 키울 수 있는 장점인가를 미처 인식하지 못하며 생활하고 있다.

새로운 장점을 발견한다는 것은 곧 새로운 삶의 국면을 개척하는 것이다. 웰스의 성공은 바로 잠재적 가치를 발견하면 새 국면을 개척하는 것이 가능하다는 것의 실증이다.

그러나 그의 성공의 배후에는 옛 스승의 배려와 지적이 훌륭했다는 사실을 간과해서는 안 된다. 상대를 격려하고 분발시키려면 우선 그의 능력을 세밀히 분석하여 가치를 증대시킬 수 있는 부분을 지적해 주는 것이 중요하다.

특히 이렇게 지적해야만 할 상대라면 이미 난관에 봉착해 있는 형편일 것이므로 근거 없는 이야기라 할지라도 관심을 집중할 것이다. 그러므로 터무니없는 부분에 대한 지적은 위험스러운 것이다. 잠재적인 장점이란 밖으로 표출되면 곧 능력의 확대를 가져올 수 있는 것이다. 또한 부족한 부분을 개척하여 자기의 영역을 넓히는 과정이라고도 할 수 있다.

*08

자기를 객관화한다

열등감이란 어떻게 해서 느끼는 것일까?

대부분의 사람들은 이 문제를 자문해 보았을 때 자기가 가지고 있는 열등감의 요인을 인식하지 못하고 있다는 사실을 알 수 있다. 그래서 자신이 열등하다고 하는 기분을 갖게 된 계기가 타인의 지적이나 평가에 의해서인 것을 부인하지 못한다. 특히 의지가 약하고 자기를 세밀히 관찰할 능력이 없는 사람은 더욱 그렇다.

처음 상대와 대면하고 있을 때는 그렇게 심한 열등감을 느끼지 못했는데 상대가 나의 약점과 무능한 점을 지적하게 된 다음에는 대화를 할 용기도 없어지고 의욕도 감퇴된다. 이것은 자기를 냉정히 관찰하지 못하는 사람에게서 더 두드러진다.

언어 심리 연구 조사 결과를 보면 타인의 평가에 민감한 사람일수록 열등감이 심하고 아울러 대화에도 자신이 없다고 한다.

전자제품 회사에 다니는 한 청년이 회사 내에서 너무 말수가 적고 인간 관계도 원만하지가 않았다. 그는 학교 성적도 우수한 편이었고, 입사 시험에서도 상위였던 머리 좋은 청년이었는데 아주 어렸을 때부터 말수가 적어 사람들의 신망을 받기에 모자람이 있다고 스스로 아쉬워했다.

그런데 그는 어릴 때 놀이터의 그네에서 떨어져 다리를 약간 절었다. 그러나 남이 보기에는 심할 정도가 아니어서 뛰어갈 때나 눈에 띌까 말까할 정도로 미미한 것이었으나 주위 사람들은, "저 녀석은 머리도 좋고 마음도 고운데 다리가 저렇게 되었으니 출세하기는 틀렸어."하며 동정 반, 빈정 반으로 놀렸던 것이다. 오랫동안 이 말이 머리에서 떠나지 않아서 그는 사람들을 상대하기가 꺼려졌고 더욱이 절룩거리는 증상이 심해질 때면 열등감은 더 심해져서 어딘가 숨고 싶도록 비감에 빠진다고 했다.

나는 조용히 그를 설득했다. 스스로 다리의 불편을 느낀 적은 없을 것이니 자신에게서 다른 사람보다 뛰어난 점만을 상기하여 '나는 남보다 앞서는 점이 많다.' 는 생각을 가지면 말수도 늘고 명랑해질 것이라는 말이었다.

그는 역시 나의 말을 존중하면서 자기도 다리의 부상이 그렇게 심하다고 생각한 적이 없는데 주위의 사람들 눈총 때문에 심한 것으로 인식하고 말았다는 것을 시인하였다.

이렇게 오랜 기간 동안 타인으로부터 결점을 지적받게 되면 열등감이 쌓여서 성격이 비뚤어지기 쉽다. 자기에 대한 주위의 단정에 개의치 않는 대담성이 그에겐 특히 필요했던 것이다.

이런 경우라면 자기를 만인들과 동등하게 놓고 객관적으로 바라볼 줄 아는 지혜를 기르면 된다. 더 효과적인 방법으로는 열등감의 원인을 추적하여 시정하는 것이다. 우선 무엇이 열등하다는 소리를 듣게 만드는 요인인가를 규명하고 누구로부터 그런 평을 받았나를 기억하여 자신을 공개적으로 객관화하면 된다.

*09

돌연한 침묵으로 주의를 끈다

대화를 함에 있어 가장 중요한 것은 상대의 주의를 내 쪽으로 집중시키는 일이다.

말의 효과를 염두에 두지 않고 이야기를 한다면 별문제이겠으나, 대화란 최소한의 효과라도 기대하고 시작하는 것임에 틀림없기 때문에 상대가 얼마만큼 나의 이야기에 관심을 두고 있는가 하는 문제는 중요하다.

일반적으로 대화는 지속적일 때 효과를 거두는 것이라고 알려져 왔으나, 심리학적인 면에서 살펴볼 때 대화가 계속 진행되는 것만이 효과를 거둘 수 있는 첩경은 아니다.

대화가 계속 진행되지 않는다는 것이 대화의 중단을 의미하지 않는다. 다만 적절한 호흡을 두고 침묵하는 것일 뿐이다.

대개 계속적인 대화에는, 조급히 효과를 거두려는 심리 때문에 대화의 양상에는 주의하지 않는 경향이 있다.

그렇기 때문에 대화의 진행에 아무런 도움이 되지 않는 군더더기의 말도 횡설수설하고 서두르게 되는 것이다.

하지만 잠시 동안의 침묵을 두고 대화를 계속하면 이러한 불편은 크게 줄어든다. 음악적으로 설명하자면 박자의 강약이 비슷한 예가 될 수도 있다. 똑같은 템포에 같은 음량으로 계속 말하기보다 적당한 기복을 가지면 효과가 크다는 말이다.

하버드대의 밀턴 글레이저 교수는 대개가 딱딱하고 무미 건조하다고 말하는 이과 계통의 교수인 탓인지 독특한 화법으로 강의하는 것으로 유명하다. 그는 지루하게 강의가 진행되는 분위기를 스스로 알아차려 학생들의 주의를 환기시키는 것이다. 함수문제가 장시간 계속되면 누구든지 주의가 흩어지기 쉽다. 그럴 때면 그는 잠시 분필을 놓고 창가로 가서 밖을 내다본다. 교수가 갑자기 강의를 하다 말고 창 밖을 내다보고 있으니 학생들의 시선이 모아지지 않을 리 없다. 그러면 그는 다정한 어조로 자기의 경험담을 이야기한다. 물론 오랜 시간 계속되는 이야기가 아니며 수학에 관계되는 이야기도 아니다. 이렇게 적절한 시간차 강의를 즐기는 것이 바로 명 강의로 소문나 있는 비결이다.

대화에 있어서도 적절한 침묵을 이용할 줄 아는 센스가 필요하다. 상대가 나의 이야기에 흥미를 못 가진다거나 처음부터 무관심하면 대화의 첫 단계에서부터 침묵을 이용해도 효과가 있다.

누구든지 상대와 면대하면 이야기가 시작될 것으로 믿게 되는데 이러한 평범한 습관 때문에 처음부터 주의와 관심을 모으지 않게 된다.

그나마 처음에는 관심을 가졌던 사람도 기복이 없고 흥미가 없는 이야기라고 평을 내렸을 때부터 산만해지게 마련이다.

이럴 때일수록 갑자기 이야기를 중단하고 침묵하면, 흐르던 음악의 선율이 끊어지면 일어나는 반응처럼 상대적으로 관심을 불러일으키게 된다.

제2장

상대의 마음을 사로잡는 비결

*01

내용으로 승부한다

　낯설거나 처음 본 사람과 상담이나 대화를 시작할 때, 그칠 줄 모르고 솟아나오는 약수물처럼 이야기가 그침이 없고 지식도 풍부할 때는 상대가 어떤 사람이든지 귀를 기울이지 않을 수 없게 된다. 풍성한 양감(量感)은 이야기에 무게를 더해 준다.

　그러나 이야기의 내용이란, 단순히 잡학박사처럼 여러 가지 사건이나 지식을 기억하고 있는 것만으로 채워지는 것은 아니다.

　여기서 말하는 내용이란 개개의 지식을 연결시키거나 해체해서 새로운 생각을 만들어내는 힘, 즉 판단력·사고력·창조력 등을 포함하는 폭넓은 것이어야 한다.

　혹은 한 가지 사실이 다른 것과 어떠한 관계를 갖고 있는가 하는 이른바 구조적인 연결 고리를 파악하는 능력이라 해도 좋다.

　사람은 누구에게나 자신 있는 영역이 있다. 그러므로 될 수 있는 한 자신 있는 내용으로 승부하라.

사람이란 자신 있는 분야로 화제가 옮겨지면 독특한 의견을 발표하거나 모두의 발언을 솜씨 있게 정리하여 이해하기 쉽게 내놓기 마련이다.

누구나 즐거워하고 흥미를 느끼고 있는 화제로 사람들을 끌어들일 수 있다면 당신은 그 자리의 중심 인물이 될 것임에 틀림이 없다.

그 사람은 머리가 좋다, 그녀의 말은 재미있다, 그 사람의 말은 너무 딱딱해서 흥미가 느껴지지 않는다…….

이렇게 주의 사람들에게 당신 자신을 인상깊게 각인시킬 수 있는 표현의 방법에는 여러 가지가 있다.

사람들은 도대체 어떠한 일에 관심을 갖는 것일까? 먼저 그 사람의 말을 주의 깊게 들으면 알 수가 있다. 그리고 다음 사항을 새겨두자.

여기서의 이야기는 '누가 무엇을 이야기하는가?' 하는 구체적 · 개별적인 것이다.

당신은 어떤 분야에 자신이 있는가? 당신은 어떠한 화제로 자기의 존재를 확립할 것인가?

누구에게도 지지 않을 만큼 자신 있는 분야, 그 분야에 관해 위에 적은 사항들을 생각하면서 넓이와 깊이를 더해 간다면 그것은 강력한 자기 표현의 무기가 될 것이다.

*02

예를 많이 든다

아무리 자기가 좋아하는 분야라 하더라도 추상적인 이론만을 전개하고 있으면 듣는 사람들은 금방 싫증을 낸다. 지루하기 때문이다.

이럴 때, 사이사이에 재미있는 이야기를 넣는다면 듣는 사람은 머리의 피로를 풀고, 전개되는 이야기에 귀를 기울이게 된다.

예화는, 어떤 것을 이해시키거나 느끼게 하거나 혹은 어떤 문제에 관한 의욕을 불러일으키는 데 있어 극히 효과적인 방법의 하나이다. 그러나 예화는 그 자체가 주가 아니라, 이해시키거나 느끼게 하거나 의욕을 불러일으키기 위한 수단임을 잊지 말아야 한다.

예화가 주제나 이야기의 목적과 동떨어져 혼자서 걸어가고 있는 듯한 경우가 있다. 이때 상대의 예화의 재미 때문에 경청하고 있다가도, 뒤에 생각해 보면 무엇 때문에 그 이야기를 끄집어냈는가 하고 고개를 갸웃거리게 되는 것이다.

예화에도 여러 가지가 있다. 크게 나누면 사실례(事實例)와 사고례(思考

例)의 두 가지가 있다.

사실례에도 두 가지가 있다. 자기가 직접 경험한 직접 체험과 다른 사람이 체험한 것, 즉 간접 체험이 그것이다. 간접 체험에는 역사적 사실, 먼 외국의 예 등이 많이 사용되며 일반적 화제 등이 포함된다.

사고례에는 격언이나 명언, 우화나 동화, 문학 작품 등에서 끄집어낸 사고 체험이 있다.

예화를 선택함에 있어서는, 알고 있는 많은 자료 중에서 자기가 말하고자 하는 것의 목적에 들어맞는 것을 뽑아내는 센스가 무엇보다도 중요하다. 그리고 조건이 충족되어야 한다.

그리고 예화의 효과를 높이기 위해서, 첫째는 강약 · 고저 · 완급 · 억양을 활용하여 흥미를 지속시키도록 하고, 둘째는 의성어 · 의태어 등을 넣어 이야기를 입체적으로 하는 것이 좋다.

*03
화젯거리를 풍부히 마련한다

막상 말을 시작하려 해도 무엇을 말해야 좋을지 모를 경우가 많다. 그리고 다른 사람의 풍부한 화젯거리에 기가 죽어 버린다. 자기에겐 응대할 만한 소재가 없다.

왜일까?

화젯거리가 빈곤하기 때문이다.

생각이 깊거나 특이한 경험을 가진 사람들은 결코 소재의 빈곤을 느끼지 않는다. 땅을 깊게 파려면 터를 넓게 잡아야 한다. 높은 산은 많은 면적을 차지하고 있다. 터를 넓게 잡아야 높이 솟아오를 수 있는 것이다.

화젯거리 또한 마찬가지이다. 많은 것 중에 골라내는 것일수록 강력한 힘을 발휘한다. 모두가 주목할 만한 이야기를 하기 위해서는 무엇보다 화젯거리가 풍부해야 한다.

그렇다면 풍부한 화젯거리는 어디서 얻어야 할 것인가?

생활 속에 얼마든지 굴러다니고 있다. 우리는 지금까지 수많은 사건에 부딪쳐 왔고, 많은 책을 읽어 왔다. 그런데도 그것들이 화젯거리로서 살아 있지 않은 것은 우리에게 관찰력이 부족하기 때문이다.

무엇을 볼 때, 생각이라는 작업을 거치지 않고 그저 눈동자에 비치는 대로 받아들여서는 남의 인상이 남을 리 없다. 매일의 체험을 의미 있는 것으로 남겨 두기 위해 관찰력을 기르도록 하자.

즉석에서 사진이 나오는 폴라로이드 카메라는 어떻게 해서 생겨났는가? 아이들의 "왜 사진은 곧바로 나오지 못하지?" 하는 소박한 의문에서 힌트를 얻은 것이다.

어른들은 사물을 볼 때 '그것은 그런 것이다.' 하는 고정관념을 가지고 있기 때문에 본질적인 문제를 간과해 버리기 쉽다.

한 중년부인은 남편이 죽자 어쩔 수 없이 남편이 경영하던 인쇄 공장을 떠맡았다. 50명의 종업원을 거느리면서 두 딸을 키운다는 것은 보통 일이 아니었다.

드디어 딸들은 대학을 나왔다.

그러나 젊은이들의 사고방식이나 행동이 그 부인의 마음에 들지 않았다. 그녀는 어머니를 어머니로 생각하지 않는 것 같은 딸의 태도에 얼마나 서러워했던가?

그런데 어느 날, 우연히 장녀가 쓴 앙케트 지를 보게 되었다. 거기에는 '가장 존경하는 사람은?' 하는 항목이 있었고, 답란에는 '나의 어머니' 라 씌어 있었다.

그녀는 그 순간 보람을 느꼈다.

이렇게 어떤 사물을 볼 때, 깊은 본질을 간파한다는 것이 무엇보다도 어렵고 중요하다.

그런데도 "나는 태어났을 때부터 형편없는 인간이었다."라든지 "부모도 틀렸고 할아버지와 할머니도 틀렸다. 유전 아니겠는가!" 하는 식으로 이야기를 하는 것은 패배자의 자기 합리화에 지나지 않는다. 인간의 능력에는 그렇게 심한 차이가 없다. 본인의 의욕이 문제인 것이다.

*04
해보겠다는 마음이 들도록 유도한다

아랫사람을 통솔해본 경험이 있는 사람이라면 상대의 능력을 더욱 발휘시키려면 직선적인 요구나 노골적인 부탁보다는 우회적이며 측면적인 방법이 적절하다는 사실을 알고 있을 것이다.

실상 사람은 누구나 무한정으로 능력을 확대시킬 수 있는 초능력을 지니고 있다고 한다. 그러나 이것은 우연히 확대되거나 계발되는 것이 아니다. 좀더 분발하려 하는 욕구가 일어날 때에만 가능한 일이다.

나폴레옹이 "나의 사전에는 불가능이란 단어가 없다."고 호언하면서 험난한 알프스를 넘은 일이, 인간 능력의 무한한 가능성을 진작시키는 대명사로 불리는 것도 이 때문이다.

그렇지만 나폴레옹의 기백은 영웅주의에서 솟아난 것으로서 아무나 쉽게 그와 같은 충동을 자기 것으로 해서 분발할 수 있는 일은 아니었다.

"늦었다고 생각할 때가 가장 빠른 때이다."라는 말이 있다. '해보겠다.'는 의욕에, 아직도 늦지 않았음을 덧붙여 결심을 굳히게 만들어 주는 말이다.

　용기를 발휘한다는 것은 스스로 지닌 능력을 표면화하는 것을 말한다. 이때 적극적인 사람은 홀로 수행할 수도 있으나, 소극적인 사람은 도움을 필요로 하기도 한다.

　무분별한 충고나 격려만으로는 개인의 능력이 확대되거나 신념이 굳어지지 않는다.

　인생의 묘미란 보이지 않던 것을 스스로 발견하여 기쁨을 얻는 데 있다. 오른손은 자꾸 사용함으로써 숙련되고 자유스러워지나 왼손은 오른손에 가려져 자유스러움을 잃어 간다. 만약 당신이 왼손을 자유스럽고 숙련되게 쓰고자 한다면 갑작스런 사용보다는 점진적인 활용으로 능력을 갖추도록 하라.

　사람은 혼자서 파도를 헤치며 살아갈 수 없는 존재이다. 그러므로 우리는 로빈슨크루소의 이야기는 한낱 소설로, 탐험가들의 용기는 전설로서 돌려야 한다.

　그러나 실상 인간은 자기 능력과 용기에 의지해서 살아가야 하는 존재이다. 누구도 직접적인 도움을 줄 수 없다. 독단에 의해 영위해야 하는 삶이다. 그러므로 상대에게 '해 보겠다.'는 결심을 불어넣어 주는 것은 위험스럽기까지 하다.

　게다가 누구라도 자기 혼자의 힘으로 세상을 살아갈 수 없다는 강박 관념에 사로잡혀 있는 것도 사실이다.

　이 강박 관념의 탓으로 타인의 충고와 격려가 아무리 진실된 것이라 하더라도 당사자에겐 강한 거부의 심리가 작용하게 된다.

　따라서 상대의 능력을 신장시키려 한다면 먼저, 스스로 해보겠다는 마음이 들 수 있도록 분위기를 조성해 주어야 한다.

　상대에게 혼자서도 할 수 있을 것 같다는 자신이 생겼을 때 적당한 방향을 제시해 주는 것이다.

　이렇게 해서 상대의 능력은 무한정 확대될 수 있고 실의에 빠졌다가도 쉽사리 용기를 되찾을 수가 있는 것이다.

*05
욕망에 부채질한다

　사람이 행동하는 동기 중에서 가장 근본적인 요인은, 욕망을 현실화하는 것이다.

　땅위의 모든 만물은 인과의 법칙에 따라 움직이는 것이듯, 인간의 모든 활동도 불가피한 원인으로 해서 발생하는 것이다. 따라서 의식적이고 계획적인 우리의 행동은 모두 욕망에 의해서 일어나는 것이라고 할 수 있다.

　우리는 밤이나 낮이나 시시각각 어떤 종류이든 간에 욕구에 지배받고 있다. 이러한 욕구에 대한 관심이 높으면 높을수록 인간을 관찰할 수 있는 능력도 향상될 수 있으며, 대화를 할 때 상대의 욕망을 부채질할 수 있는 힘도 지니게 된다.

　실로 인간은 욕망을 불태워 얻은 결과보다, 욕망 그 자체에 쾌감을 느끼는 것이다.

　에머슨은 그가 쓴 〈인생의 행장(行狀)〉에서,

　"욕망이란 소유라는 코트로 감출 수 있을 만큼 크지가 않은 데도 점점

커지는 거인적인 존재이다."라고 말하여 인간은 욕망의 포로라는 것을 시사했다.

사람들이 작은 배를 타고 강을 건너고 있었다. 그런데 배가 강의 중간쯤 오자 갑자기 썩은 밑창이 뚫리고 물이 들어와 이윽고 배가 가라앉게 되었다. 사람들은 당황하여 모두 물에 뛰어들고 말았다.

그런데 모두 헤엄쳐 강기슭에 닿았으나 오직 한 사람이 뒤에 처져 있었다. 사람들이 돌아보며,

"이봐, 어떻게 된 거야? 자넨 우리들 중에서 제일 헤엄을 잘 쳤잖아!"

라고 소리쳤다. 사내는 허우적거리면서,

"금화를 천 개나 갖고 있어서 헤엄치기가 어려워!"

하는 것이었다.

사람들은 이구동성으로,

"금화를 버리게! 몸을 가볍게 해야 헤엄을 치지!"

하고 소리쳤다. 그러나 사내는 계속 물 속에서 허우적거릴 뿐이었다. 오히려 사람들이 애가 타서,

"빨리 버리라구! 생명보다 금화가 중한가? 빨리 버리지 않으면 죽는다구!"

라고 합창하다시피 사내에게 외쳤다.

그러나 사내는 머리를 흔들더니 결국 물 속에 가라앉아 버렸다. 욕망의 포로가 되어 결국 자신을 희생시킨 것이었다.

이 이야기에서 엿볼 수 있듯, 역으로 인간은 욕망에 불이 붙으면 목숨도 아끼지 않는다. 욕망이야말로 인간 행동의 근본이 되는 것이다.

인간의 모든 행동은 욕망의 원천에서 솟아나온 지류에 불과하다. 따라서 사람이 마음을 사로잡아 분발시키려면 격렬한 욕망의 불꽃을 심어주는 것이 효과적이다.

정신 분석학자 프로이드는 욕망과 성의 충동이 인간 행동의 두 가지 동기라고 했다.

위대해지고 싶다. 남보다 우위에 서서 나의 존재를 과시해보고 싶다라는 기분이야말로 인간의 본능이며 분발을 재촉하는 자극제인 것이다. 옛 전장에서는 누구나 선봉에 서기를 열망했다. 선봉에 서서 전공을 세워 위대해지고 싶다는 욕망에 사로잡힌 까닭이다. 지장(知將)은 돌격 4분 전에 이 선봉의 공명심을 요령 있게 자극시켜 부하 장수들을 분발하게 만들었던 것이다.

*06

열의를 보인다

고(故) 사르 베르나르는 프랑스가 낳은 위대한 이야기이다.

제2막이 올랐다. 법정 장면이었다. 사르 베르나르는 잔다르크로 분하고 피고석에 섰다. 재판관이 나오자마자,

"피고는 몇 살이지?"

하고 심문을 시작했다.

"네, 19세입니다."

그녀는 나직하게 대답했다.

이것을 듣고 있던 관객은 일제히 박수를 보냈다. 그러자 그녀는 관객을 돌아보며 조용히 머리를 숙였다.

왜 박수가 나왔을까? 당시 베르나르는 68세의 할머니였다.

그렇게 늙은 여인이 19세의 잔다르크를 연기해 보이는 자신감과 전력 투구에 관객은 감동한 것이다.

어떤 일에 자기를 불태우는 열의는 그대로 상대에게 전달되는 것이다.

따라서 말로써 태도로써 상대를 움직이려 한다면 당신이 먼저, 상대가 움직이지 않을 수 없을 만큼 불타오르지 않으면 안 된다.

자신이 불타지 않는데 어떻게 상대를 불태울 수 있단 말인가?

"우리는 차종이 다릅니다. 지금 바쁘니 돌아가세요."

운수회사의 사장으로부터 명함을 되돌려 받고 거지처럼 쫓겨 나왔을 때, 나는 결심했다.

'세일즈맨을 오래 해왔지만, 이렇게 완고한 사람은 처음 봤다. 좋다, 이 사람을 어느 정도까지 움직일 수 있는가 한번 내 자신을 시험해 보자.'

그때부터 나는 그 운수회사 근처를 지날 때마다 그곳을 찾아갔다.

물 한 컵 얻어먹으러 왔습니다."

"화장실에 좀……."

이렇게 하면서 사장과 이야기할 기회를 노렸다. 전혀 차 이야기를 꺼내지 않으면서 그러기를 1년.

어느 날 사장이,

"지라드 씨, 이제 차 이야기를 해도 되지 않겠소?" 하고 먼저 말을 걸어오는 것이 아닌가? 그래서 나는 몇 마디 않고서 차를 12대나 팔았다.

그 후에도 그 사장은 차를 교환할 때마다 나를 불러 새차를 구입했다. 이것은 다름 아닌 열의의 승리였다.

일을 시작하기도 전에 위축되어 버리는 사람이 있다.

"나는 할 수 없다!"

"틀린 인간이야!"

그러나 이것은 자신에게 '영원히 일을 하지 말라!'고 암시를 거는 것과 같은 짓이다.

어떤 일에나 열의를 가져야 한다. '나는 할 수 있다.'고 스스로를 채찍질해야 한다. 이 열의야말로 성공과 실패를 판가름하는 열쇠인 것이다.

또 일에 휘말려 버리는 사람이 있는데, 그래서는 능률도 오르지 않고, 기술도 늘지 않는다. 일을 사람이 하는 것이다. 아무리 과학이 발달하고 정교한 기계가 나온다 해도 주인공은 열의가 없어서는 절대로 상대를 움직일 수가 없다는 사실을 명심하자.

제3장

기분을 살려주는 비결

상대의 존재를 인정해준다

교사나 교회의 성직자들은 일종의 전문직업인이라고 할 수 있다. 또 시계 수리공, 전기 기술자, 나아가 운동 선수들도 하나의 전문 직업인이라고 할 수 있다.

여기에서 말하는 전문직의 의미는 별반 색다른 직업을 가리키는 것이 아니다. 다만 그 계통의 문제에 있어서 조언이나 협력을 해줄 수 있는 사람들을 가리킨다.

사람이란 누구나 직업을 갖고 있다. 남들이 생각할 때는 평범한 직업이라 할지라도 그들 스스로는 천직으로 생각하고 있다.

가령 개인적인 고민이 있어 불안에 빠져 있는 학생이 선생님을 찾아가서,

"선생님은 훌륭한 인격과 충분한 지식을 갖추셨으니 저의 고민을 쉽게 해결해 주시리라 믿고 찾아왔습니다."라는 말을 하면 어느 선생이 그런 칭찬의 소리를 듣고도 자기의 역할을 포기할 것인가? 또한 직장을 추천해

달라고 부탁할 때도 마찬가지이다.

"선생님은 덕망이 있어 사람들의 존경을 받는 분이라서 이렇게 찾아왔습니다."라는 말을 하면 기꺼이 추천장에 서명해 줄 것이다.

이렇게 상대에게 존재에 대한 칭찬의 뜻을 표현하면 무슨 부탁이든지 수월히 들어준다.

한 교수에게 여 제자가 찾아와 아메리칸 은행에 취직하고 싶으니 소개장을 써달라고 부탁해왔다. 그때에 교수는 당황하지 않을 수 없었다. 추천을 해준 적이 드물고 또 꼭 아메리칸 은행에 추천을 해달라는 단서 때문이다.

그런데 마침 아메리칸 은행의 지점장과 연고가 있다는 것을 기억해 내게 되어 서둘러 추천장을 써주었다.

'……제가 추천하는 스미스 양은 가풍 있는 집안에서 자라나 성품이 유순하고 성실하기에 선생님의 마음에 흡족하리라 짐작됩니다. 갑자기 부탁을 드려 자리가 있을지 모르겠으나 앞서 듣기에 선생님은 아메리칸 은행에서 영향력이 대단하다는 말에 힘을 얻어 추천하는 바입니다……'

지점장이 교수의 추천장을 받은 1주일 후부터 그녀는 아메리칸 은행에 출근하게 되었다. 교수는 사실 추천장을 써 줄 때 일말의 불안을 느끼지 않은 것은 아니었지만 일단 추천 의뢰가 수락되자 자신을 얻게 되었다.

존재를 확인시켜 준다는 것, 그것은 어떠한 칭찬보다 훨씬 적극적이고 솔직한 찬사의 뜻을 지닌다.

마침 시계가 고장나 수선공의 힘을 빌릴 때라면, "이 시계포가 가장 기술이 좋고 신용이 틀림없다고 해서 찾아왔습니다."라는 말을 한마디하여 기술 있고 신용 있다는 칭찬의 뜻을 표하면 성의껏 수선해 주는 경우와 같다.

그러므로 찬사는 상대의 존재를 인정하는 말로 시작해야 효과가 크다.

상대가 생각지 못한 것을 칭찬한다

전쟁터에 나가서 용맹을 떨친 군인을 보고,

"당신은 훌륭한 군인입니다."

라고 칭찬하면 별로 기뻐하지 않는다.

군인으로서 전장에 나가 용감히 싸우는 것은 군인의 본분이며, 누구나 다 할 수 있는 행동이기 때문에 칭찬이 그렇게 반갑지 않다.

월남전이 한창일 때 사지를 종횡으로 누비며 무공을 세운 백마 대위가 있었다.

하루는 어떤 사람이 그의 손에 반짝이는 조그마한 반지가 눈에 띄어 이렇게 말했다.

"그 반지의 보석 빛이 참 곱군요. 이름이 뭐더라? 아, 황옥!"

"네. 골든 사파이어죠, 다른 말로는 토파즈라고도 하고요."

그는 만면에 기쁨을 감추지 않고 큰소리로 자기의 반지를 자랑하는 것이었다.

월남의 어느 전투 지역에서 위험에 빠진 한 부잣집 여인을 극적으로 구출한 후 얼마 동안 그녀와 교제를 한 기념으로 받은 것이라고 했다.

그로서는 사람들이 귀가 아프도록 전과를 칭찬해줄 뿐 자기 반지에 관심을 쏟을 줄은 전혀 예상하지 않았기 때문에 더욱 기분이 좋아진 것이었다.

사람은 자기가 도무지 느끼지 못하던 것을 상대가 지적하여 칭찬하게 되면, 이미 인식하고 있던 자기의 장점을 칭찬받을 때보다 더 기뻐한다.

남을 칭찬하여 대화를 원활히 진행하고 소기의 목적으로 상대를 유도해 나가기 위해서는 상대가 깨닫지 못했던 점을 지적할 줄 알아야 한다.

누드 사진계의 귀재라고 불리는 닐은 까다롭기로 유명한 여배우들을 벗기는 비결을 묻자,

"특별한 비결이 있지는 않지만 그 여자가 남보다 자신 있어 하는 부분보다 남보다 못하다고 생각하는 신체 부분을 지적하여 칭찬을 하고 또 칭찬을 하면 누구든지 나의 요구에 응하게 된다."라고 말한다.

맬아흔은 '루이스 발렌타인' 이라는 조경회사의 정원 담당자이다.

어느 날 그는 유명한 법률가의 저택에서 정원 공사를 하게 되어 집주인인 법률가에게 상세한 공사 지시를 받게 되었다. 그 법률가는 자기 집의 정원을 둘러보고는 석류나무와 진달래꽃 묘목을 가리키더니 그것들을 심을 자리를 지정하고 까다롭게 주의를 주었다.

그런데 그 법률가의 이야기에 동조하지 않고 갑자기 정원 옆에 있는 개집을 가리키며, "선생님, 참 마음이 흐뭇하시겠어요. 저렇게 좋은 개를 기르시고 있으니 말이에요." 하고 개를 칭찬하는 것이었다. 그랬더니 그 법률가는 갑작스런 칭찬에 신이 나, "그거야 뭐, 말할 것 있소. 늘 대견하다우." 하면서 그에게 개 우리며, 개의 우열을 좌우하는 혈통에 대한 이야기를 해 주는 것이었다. 그러고는 마지막에 가서 강아지까지 한 마리 선사해 주었다.

*03

자아의식을 자극해준다

막스 뮐러는 인간애에 대한 가장 걸작으로 꼽히는 〈독일인의 사랑〉이라는 작품에서 이렇게 말했다.

"칭찬이라는 것은 배워야 할 예술이다."

그는 칭찬을 사회의 여러 제약과 곤경을 허물어뜨리는 예술적 행위라고 보았다.

인간이라면 누구든지 칭찬을 받고자 한다. 칭찬을 받게 되면 자아의식이 자극되기 때문에 기쁨의 표정을 짓는다. 자아의식이 강한 사람일수록 칭찬에 더욱 약하다. 그러므로 비록 아첨하는 느낌이 들더라도 칭찬은 계속하면 할수록 효과가 크다.

인간은 감정을 신체적 측면과 정신적 측면의 두 가지 부분에서 고찰했던 심리학자 M. 세라는, 감정은 앞의 두 가지 즉 신체적·정신적 측면에서 다시 4가지로 분류된다고 보았다.

첫째는 육체적 자극으로 일어나는 감각적 감정으로 고통의 쾌감이고,

둘째는 몸 전체가 받아들이는 생명적 감정으로 권태와 긴장이며, 셋째는 일반적 감정으로 기쁨·슬픔·노여움 등이며, 넷째는 종교적 감정으로 감정의 최상층을 차지하고 있는 종교를 통해 얻어지는 기쁨·평화 등 차원 높은 감정이라고 분류했다.

그의 학설에 의하면 기쁨을 유발하는 칭찬의 언어는 둘째 부분과 셋째 부분을 자극시킨다고 볼 수 있다.

이렇게 인간은 칭찬의 말을 들으면 감정의 동요를 일으켜 과잉 칭찬인지 비아냥거림인지의 여부를 가리지 않고 자아의식의 만족감 때문에 좋아하게 된다.

요셉 카인츠라는 배우가 햄릿의 역을 끝내고 분장실로 돌아왔을 때였다.

그가 막 분장실로 들어서자 웬 노파 한 사람이 뒤따라 들어오더니,

"정말, 당신은 오늘 저녁 어쩌면 그렇게 햄릿과 똑같은 연기를 보여주었는지 몰라요." 하는 것이었다.

카인츠는 번연히 과잉 칭찬인 줄 알면서도 기분이 좋아져 자기도 노파를 칭찬해주기로 마음먹고,

"부인께서도 생전의 햄릿왕자를 잘 알고 계셨군요?"

이들의 이야기를 자세히 보면 노파의 말에도, 카인츠의 말에도 진지한 감정은 거의 없었으나 서로 상대를 칭찬하고 있다는 것을 잘 알 수 있다.

이처럼 칭찬은 해주면 상대의 감정은 순식간에 솜털처럼 부드러워진다.

영국의 속담에 "바보라도 칭찬을 해 주면 훌륭하게 쓸 수 있다."라는 말이 있다. 칭찬의 말은 상대의 기분을 북돋아줄 뿐 아니라 능동적으로 더욱 잘해 보고자 하는 용기를 키워준다.

대화의 상대가 나에게 호감을 갖도록 하는 데도 칭찬의 말을 효과적으로 사용하는 방법이 가장 최선이다. 따라서 상담을 시작했을 때는 먼저 상대의 장점을 찾아 칭찬하는 것이 좋다.

*04

명예욕을 부추긴다

한마디의 힐책보다 한마디의 찬사가 훨씬 사람을 부드럽게 만들어준다
는 사실은 앞에서 지적한 바 있다.

나폴레옹 같은 전쟁의 영웅도 한때 늙어서 전역하는 퇴역군인들에게 십
자가가 달린 훈장을 1천5백 개나 나누어주면서 그들의 공을 찬양했다. 그
러나 사람들이 노병을 장난감으로 속이려 한다고 혹평하자,

"사람은 장난감인 줄 알면서도 그것이 지닌 명예 때문에 지배를 받는다."
라는 명언을 남겼다.

쓸데없는 허영과 가치 없는 명예욕은 인간을 괴롭히고 약하게 만드는
데 가장 큰 영향을 끼친다. 그러나 한편으로는 상대를 추켜세워 분발하게
만드는 데는 효과가 있다.

공장에서 중요한 역할을 수행하는 직원 하나가 웬일인지 계속하여 작업
성적이 떨어졌다. 공장장은 그를 꾸짖어서라도 더욱 분발할 수 있도록 꾀
하고자 했으나 묘안이 떠오르지 않았다. 공장장은 날마다 그 문제로 골치

를 썩이다가 드디어 어느 날 순간적으로 착상이 떠올랐다. 즉 분발심을 자극시킬 수 있는 명예직을 주자는 것이었다.

그리하여 조사부라는 유명무실한 직위를 개설하고 사무실도 그럴듯하게 꾸며 주었더니 그 직원의 태도가 급회전하여 공명심에 불타게 되었으며 작업 실적도 급진적으로 향상되었다.

이와 똑같은 이야기가 또 하나 있다.

인쇄소 사장이 자기 회사의 기계공 하나가 노동 시간이 너무 길고 작업량은 많다고 투덜대며 조수를 배정시켜 달라고 했다. 하지만 회사 여건상 그 기계공의 이야기를 들어줄 수 없었다.

그러나 그는 조수를 두지도 않고 작업량도 줄여주지 않았으면서도 기계공을 만족시킬 수 있었다.

그 기계공이 만족했던 것은 전용 사무실 하나가 배정되었기 때문이다. 그리고 사무실 문 앞에는 그의 이름과 직위가 함께 써 붙여 있었다.

'수리계장'

이렇게 되면 그는 이미 평직원이 아니고 어엿한 계장인 것이다. 그는 일에 책임감을 갖지 않을 수 없었고 능률도 배가되었다.

파스칼은,

"인간의 최대 우월함은 명예를 추구하는 것이지만, 그것이야말로 또한 진정으로 인간의 우수함을 보이는 최고의 표적이다."

라고 말했다.

명예를 추구하는 것은 미련한 사람들의 상징적 행동이라고 보기보다 우월한 지위를 위한 본능적 욕구이다. 그러므로 사람들은 비록 허울뿐이라도 명예를 부여받으면 기뻐한다. 허영의 쓸모없는 그림자로 생각하기보다 인간의 공통적 심리를 만족시키는 만병통치약이다.

1741년 포르투갈 국왕이던 야오 5세는 '가장 충실한 왕'이라는 칭호를 듣고자 2억3천1백만 달러라는 어마어마한 돈을 지불했다.

그러나 이런 허영과 사치 때문에 그가 죽고 나자 국고가 텅텅 비어 할 수 없이 국민들로부터 부조금을 거두어 장례식을 치러야 했다.

'가장 충실한 왕' 이라는 칭호는 사실상 자기가 충실히 국왕의 역할을 수행하기만 하면 얻을 수 있는 것이었으나 야오 5세는 명예욕에 눈이 멀어 미처 그 생각까지는 하지 못했던 것이다.

이런 이유로 해서 영국에서는 "명예가 부보다 낫다."라는 사고방식이 지배적인지도 모른다. 아무튼 인간이란 명예의 이상한 마력에 약한 존재이다.

*05

최상급의 찬사는 하지 않는다

세일즈맨들은 흔히 상담을 할 때, 자신의 상품을 가리켜,

"역시 우리 자동차가 최고입니다."

"그러면 그렇죠. 에어컨이 최고예요."라고 말하곤 한다. 이것은 금물이다. 위에 들어 있는 "최고"라는 말은 사실상 공연한 감탄형 사족이다.

이러한 사족의 의미를 가진 찬사는 어느 누가 받더라도 만족감을 채울 수 없다. 최상급의 찬사는 허무맹랑한 기분으로 내뱉는 말 이상의 효과를 거두지 못한다.

사람이라면 칭찬의 말에 약하게 마련이다. 칭찬이라면 비록 그것이 아첨이라도 기쁨을 느낀다. 따라서 어떠한 칭찬이라도 상대에게 해로울 것은 없다.

그러나 '가장 좋은' '최고로 멋진' 등의 최상급 찬사를 받으면 상대는 오히려 마음 한구석에서부터 불안한 기분이 우러나와 부담을 느낀다.

이러한 불안한 심리와 부담을 갖게 되는 주 요인을 분석해 보면 최상급

이라는 칭찬을 받게 되면 자신은 항상 그와 동일한 수준에 머물러 있어야 한다는 부담이 있으며 그와 동떨어진 수준임이 드러나게 되면 초라해질 것이라는 생각 때문이다.

데일리라는 청년이 있었다. 그는 흔히 말하는 하버드 출신이고 전공은 화학이었다. 그는 서른두 살에 박사학위를 받았다. 주위 사람들뿐 아니고 학계에서도 그는 주목의 대상이 되었다.

그는 가는 곳마다 주위 사람들의 선망의 눈초리며 '과연 수재의 활동은 어떤 것인가?' 하는 관심 때문에 잠시도 마음 편할 날이 없었다.

처음의 한두 달은 그러려니 하고 지내게 되었으나 충분히 냉각기를 가질 때가 되었는데도 그에게 보내지는 최상급의 찬사는 여전했다.

그는 초조해지기 시작했다. 연구할 시간도 뺏겼고, 의견을 교환하여 새로운 자료를 얻는 일에도 실패만 되풀이하였다. 심지어 어느 대학에서는 그가 잘못 풀이한 구조식을 가지고 소란을 피운 적도 있었다.

마침내 어느 날 그는 중대한 미스를 저지르고 말았다. 화학 약품을 엉뚱하게 배합하여 그것이 폭발하는 바람에 심한 화상을 입고 말았던 것이다.

그의 실수는 어느 화학도나 저지를 수 있는 실수이기도 했지만 적어도 박사학위까지 갖고 있는 그로서는 치명적인 미스였다. 이것은 그가 항상 주위 사람들로부터 최상급의 찬사와 주의를 받아왔기 때문에 초조해 있었다는 실증이었다.

쥬벨이 말했듯 "재능은 칭찬에 의해 어지럽혀진다."는 것을 알자. 최상급의 찬사를 남용하면 상대는 오히려 그 저의를 의심하여 불신의 감정까지 품게 된다.

줄곧 칭찬만 받으며 자란 외아들이 한 번 실수하게 되면 도저히 헤어날 길을 찾지 못하는 까닭도 여기에 있다.

찬사의 말은 적절하게 하고 그 표현도 공정하도록 할 일이다.

심리학자 제임스는,

"항상 차석임을 알라."고 지적했다.

수석이라고 과대 칭찬을 하지 않은 것은 겸손해지라는 의미이므로 상대가 부담을 느끼지 않기 때문이다.

특별한 칭찬임을 깨닫게 한다

칭찬을 한다고 해서 언어의 순서를 제멋대로 구성한다면 간혹 실수를 저지르고 만다.

예를 들어 안경을 낀 아름다운 여인이 있을 때,

"당신 참 멋지군요. 매력이 가득해요. 그러나 나는 안경 쓴 여자는 딱 질색이라서……."

라고 말을 한다면 틀림없이 교제가 끊어지고 말 것이다.

설사 안경을 쓴 여자가 싫은데도 유독 그녀만을 칭찬해 주고 싶으면 칭찬의 뜻이 특별한 예외적인 일임을 강조해서,

"사실 나는 안경을 낀 여자는 별로 좋아하지 않았지요. 그런데 당신만은 안경이 썩 잘 어울려 훨씬 세련된 멋을 주는군요."

하면 그렇지 않아도 안경 때문에 고민했을 그녀의 기쁨이 배가 될 것이다.

이렇게 칭찬의 뜻을 지닌 말이라도 칭찬의 말을 앞에다 둘 때와 뒤에 둘

때가 다르다. 다시 말해서 칭찬의 의미를 강조할 수 없을 때는 도리어 역효과를 낳고 만다.

특히 사람은 자기만의 유일한 특례 조치를 받았을 때는 기쁨을 감추지 않는다.

한 회사의 사장이 직원 조회 시간에 훈시를 했다. 사장은 마침 직원들의 집무 분위기가 좋아지고 사업이 순조로와 그들을 격려코자 마음을 먹었던 터였다.

"예. 오늘은 여러분에게 감사의 뜻을 전하려고 합니다. 여러분의 꾸준한 노력으로 우리 회사는 이미 금년도 사업 목표를 초과하게 되었습니다. 그러나 여기에 있는 이 사람은 초과 달성을 했다고 해서 자만심을 가지고 행해지는 사람을 가장 싫어합니다. 따라서 오늘부터 여러분이 모두 더욱 충실히 맡은 바 책임을 수행해 나가도록 부탁드리는 바입니다."

이 사장의 훈시를 보면 어떤 성격의 이야기인지 쉽게 짐작이 가지 않는다. 칭찬을 하려고 마음먹었으면 칭찬의 뜻만을 강조해야 될 터인데 도리어 긴장을 풀지 말라고 훈계를 한 격이 되고 말았다. 이런 경우 칭찬의 묘를 살리려면,

"사실 여지껏 나의 생활 신조는 첫째도 성실, 둘째도 성실이었습니다. 그러므로 성실을 잃지 않는 직장인을 나는 가장 사랑합니다. 그런데 이번의 우리 회사는 여러분들의 성실한 노력에 힘입어 금년도 사업 목표를 초과 달성하게 되었습니다. 여러분들의 노력에 감사함을 잊지 않겠습니다."

이렇게 칭찬의 말을 뒤로해서 강조하면 앞서 말한 생활 신조라는 '성실'이 강조되면서 칭찬의 뜻이 가득 담겨진 훌륭한 말이 된다.

누구든지 겉치레 인사의 칭찬은 고마워하지 않는다. 웃음을 모르던 사람이 어쩌다 한 번 활짝 웃을 때에 쾌감을 느끼듯 특별한 칭찬임을 알았을 때 즐거움은 커진다.

미술을 좋아하지 않는 사람이 미술을 하는 사람에게 칭찬을 하게 될 때라면,

"미술에 대해선 전문 지식도 없고 시실 별로 좋아하지도 않습니다만, 당신이 그렇게 그림에 열중해 있는 모습을 보니까 왠지 호감이 갑니다."

등의 말로 칭찬할 일이다.

"……하지만, 그러나……" "……은 싫어하지만 이것만은" 등의 예외적인 말을 삽입하여 칭찬하자.

상대는 특별한 기분에 사로잡혀 즐거움을 한층 더 느낄 것이다.

*07

간접적으로 칭찬한다

　직접적으로 얼굴을 마주 대한 자리에서 칭찬의 말을 듣게 되면 아무리 강심장의 소유자라도 쑥스러운 마음이 생긴다. 따라서 상대를 직접 칭찬하기보다는 간접적으로, 상대가 가장 소중히 여기는 제3자를 들어 칭찬하여 만족하게 하는 테크닉을 활용할 일이다.

　"그 사람을 알려면 먼저 친구를 보라."는 말이 있다. 이것을 바꾸어 말하면 "그 사람을 칭찬하려면 먼저 그의 친구를 칭찬하라."고 할 수 있다.

　누구에게나 친구는 있다. 훌륭한 친구를 가진 사람은 억만금의 재산을 지닌 것보다 더욱 행복을 느낀다. 그러므로 친구가 모욕을 당하면 곧 자기 자신이 모욕을 받는 것처럼 불쾌감을 느낀다.

　특히 이러한 심리는 친구가 이성일 경우에 더 심하다.

　한번 잘 아는 친구에게,

　"자네 어제 같이 간 여자가 누구지? 별로 미인도 아니던걸?"

　하는 말을 해 보라. 틀림없이 그 친구는 아무 소리하지 않고 즉시 우정

을 끊으려 할 것이다. 그러나,

"어제 같이 가던 여자 참 예쁘던데? 아주 발랄하면서도 매력적이야."

하고 이야기한다면 친구의 귀가 솔깃할 것이다.

지난날 선거에 입후보했던 어닐에게 재미있는 일화가 있다.

어느 날 야외 강연을 개최하여 어닐이 막 단상에 오르려 하는데 갑자기 청년 하나가 나타나더니,

"선생님, 안녕하세요?"

하고 인사를 하는 것이었다. 그 청년은 자기가 하의원의 입후보자와 같은 유력자를 알고 있다는 것을 과시하려고 나섰던 것인데 어닐은,

"오, 자네 왔구먼? 그래 아버님은 안녕하신가? 참 훌륭한 분이지."

하고 인사의 말을 해주었다. 그러자 청년은 더욱 신이 나서,

"네. 그런데 그만 작년에……."

"돌아가셨구먼? 참 건강하셨는데……."

하면서 이야기가 길어졌다.

그런데 그 청년은 자기 아버지를 칭찬해주는 어닐에게 감복해서 강연 도중 떠드는 사람이 있으면 서둘러 주의를 주고, 장내가 어지러워지면 발벗고 나서서 정리하였다. 그는 당원도 아니면서 그 날을 완전히 봉사하였다.

강연회가 끝나고 어닐의 측근이,

"선생님, 그 청년을 잘 아십니까?"

하고 묻자,

"아니."

라고 어닐은 딱 잘라 말하는 것이었다.

"그러면 어떻게 그리 상세히 알고 계시는지요?"

"이보게, 자네들, 아버지 없는 사람 보았나? 또 그 아버지를 싫어하는

사람은? 없지? 누구든지 자기의 부모를 칭찬하면 감탄하는 법이야. 나도 그 청년의 기분을 만족시키기 위해서 그랬을 뿐이네."

어닐은 전혀 안면이 없던 청년의 기분을 만족시켰기 때문에 강연회를 무사히 마치는 데 적으나마 도움을 받게 되었으며 나아가 그 청년은 돌아다니면서 청중들이 어닐을 칭찬하게 만드는 분위기 조성에 성공했던 것이다.

이렇게 인간은 자기가 직접 칭찬을 받지 않고 자기가 가장 소중히 여기는 사람을 칭찬 받아도 만족하는 심리를 갖고 있다. 그리고 이것은 직접적인 칭찬보다 어색하지가 않다는 장점도 가지고 있다. 칭찬하는 일에 익숙한 사람은 이 작전을 보다 유용하게 사용하여 성공을 많이 거두고 있다.

*08
특권의식을 불어넣는다

뉴욕의 금융가에 있는 한 레스토랑에는 항상 40대의 중년들로 들끓었다. 똑같은 원료로 뽑아 낸 음식이 특출나게 맛있을 리 없고, 어느 레스토랑이든지 그 정도의 실내 장식은 되어 있게 마련인데 연일 손님들이 끊이질 않으니 이상스런 일이었다.

어느 날 근처의 회사에 근무하는 그레인드 씨가 그 소문을 듣고 한번 가보아야겠다고 마음먹고 그 레스토랑으로 들어섰다. 실내는 소문대로 만원이었다. 여기저기서 상담하는 소리, 자기 PR하는 소리 등 어지럽기조차 했다. 그러나 그는 이 레스토랑이 어째서 인기인가를 유심히 살피고 있었다.

그 레스토랑의 여사장은 보통이 아니어서 늘씬한 키에 서글서글한 눈매가 인상적인 30대 후반의 원숙한 미인이었다. 그는 내심 쾌재를 부르면서 커피를 주문했다.

그러나 잠시 후 그의 기대는 여지없이 박살나고 말았다. 기대했던 여사장의 서비스는커녕 그녀의 그림자조차 비치지 않았고 시간이 흘러갈수록 초조해지기만 하는 것이었다. 이윽고 그는 '속았구나.' 하면서 레스토랑을 나서려고 하는데 어디선가 여사장이 쪼르르 달려오더니 그의 등에 손을 대고,

"안녕히 가세요. 또 오세요."

하는 인사를 건네는 것이 아닌가? 그런데 더욱 이상한 것은

"또……."를 발음할 때 그녀가 가운뎃손가락으로 지그시 사인을 보내는 점이었다.

물론 그는 그 후부터 여사장의 은근한 사인에 기대를 걸고 레스토랑에 출근하게 된 것은 물론이다.

특권 의식을 불어넣어 주면 사람의 마음은 아주 수월하게 사로잡을 수 있다. 레스토랑 여사장의 은근한 사인을 받은 그는 자기 혼자만 선택된 것으로 알고 회심의 미소를 띄운 것이다.

인간은 어떠한 종류의 권한이든 자격을 부여받기를 갈망한다. 아주 작은 일이라도 특권을 받게 되면 만족감을 채우기는 마찬가지이다.

이런 이야기도 있다.

어떤 음식점이라도 단골손님이 있다. 단골손님들의 심리는 음식 맛이 식성에 맞아 찾는 수도 있지만 그보다도 단골이라는 칭호에서 풍겨주는 특권 의식에 만족하는 심리가 더욱 크다.

능숙한 식당 종업원은 단골손님이 들어서면,

"특별히 잘 해드려요!"

하고 외친다. 실제로 음식의 양과 질은 똑같지만 특별히 잘 해드리라는 말을 자기에게만 하는 것으로 인식해 버린다.

어느 경우든지 상대를 기분 좋게 하기 위해서는 특별한 권한을 주는 듯한 인상을 주는 것이 중요하다.

제4장

끌어들이는 비결

*01

이야기에 막간을 둔다

이야기에도 '막간'이 있어야 한다.

막간이란, 이야기하는 사람이 숨을 돌리기 위한 단순한 휴지(休止)가 아니다. 그것은 이야기에 여운을 남기거나 상대에게 동의나 납득을 구하는 시간이다. 듣는 사람은 그 사이에 생각을 정리하여 이야기하는 사람의 주장에 동의나 반대의 의사를 결정하는 것이다.

그러나 그 의사 표시는 반드시 말로 표현되는 것은 아니다. 아무 것도 말하지 않고 잠자코 있는 것도 하나의 의사 표시이기 때문이다. 더욱이 겉으로는 아무런 변화가 없지만, 머리 속에서는 빠른 회전이 거듭되고 있을 수도 있다.

따라서 막간이란, 듣는 사람이 열심히 두뇌를 회전시키면서 긴장하고 있는 때라고 할 수 있다.

막간의 역할은 다음과 같이 세 가지로 요약할 수 있다.

- 이야기의 여운을 남긴다.
- 동의 내지 납득을 끌어낸다.
- 듣는 이에게 긴장감을 고조시킨다.

막간이란 듣는 사람이 이야기에 참여하는 시간이다.

이야기는 말하는 사람과 듣는 사람의 상호 작용으로 이루어지는 것이므로 충분하게 막간을 두는 것이 이야기의 효과를 높이는 방법이 된다. 숨돌릴 틈도 없이 계속 지껄여대는 사람을 자주 보게 되는데, 그러면 상대는 막간이 없기 때문에 그 이야기에 참여할 수가 없다. 본인은 잘한다고 생각하고 있을지 모르지만, 듣는 편은 일방적인 이야기에 지쳐 도중에서 딴 생각을 하게 마련이다. 모든 일에는 '빛과 그림자', '산과 계곡', '움직임과 멈춤' 이라는 상반된 면이 있다. 빛이 있기 때문에 그림자 부분이 눈에 띄고, 계곡이 있기 때문에 산봉우리에 오를 수 있으며, 멈춤이 있기 때문에 움직임이 사람들의 주목을 끄는 것이다.

이야기도 이와 같다. 이야기를 계속하는 '움직임' 의 시간이 있고, 막간이라는 '멈춤' 의 부분이 있다. '막간(멈춤)' 이 있음으로써 비로소 '이야기(움직임)' 가 살게 되는 것이다.

우리 주변의 이야기를 생각해 보자.

빠른 말이라 하더라도 요소 요소에 막간을 두는 사람의 말은 알아듣기 쉽다. 이야기의 스피드는 빠르더라도 막간에서 생각할 수가 있기 때문이다.

이야기하는 일에 숙달되지 못해서 띄엄띄엄 말하는 사람도 있다. 하지만 높은 데서 물이 흘러내리는 듯한 말보다 이렇게 띄엄띄엄 하는 말에 감명을 받는 경우가 많은 것은 무엇 때문일까? 그 내용도 원인이 되겠지만, 띄엄띄엄이 막간이 되어 상대에게 충분히 생각하고 자기 나름대로의 이미지를 구축할 수 있는 시간을 주기 때문이다.

시각에 호소한다

당신이 이야기를 시작하면 듣는 이의 시선은 당신의 얼굴에 집중될 것이다.

이것에 숙달되지 못한 사람은 많은 사람들의 시선이 자기에게 집중되는 것만으로도 위축되어 제대로 이야기를 계속할 수 없다.

이를 피하기 위해서는 도표를 보이는 등 상대의 시각에 호소할 만한 것을 준비해 두는 것이 좋다.

"이것을 보아주시기 바랍니다."

하고 자료를 꺼내 보이면 청중의 시선은 거기에 집중된다.

즉 당신의 얼굴에 집중되었던 청중의 시선이 자료로 이동하므로 당신의 심리적 부담은 가벼워진다.

요술을 할 때, 속임수를 알아차리지 못하도록 손님의 시선을 다른 곳으로 끌어들이는 것과 마찬가지이다.

이것은 상대의 시선을 집중시키는 역할만 해주는 것이 아니다.

'무엇인가 시작되겠지……' 하고 흥미를 갖게 된 청중은 보는 것에 정신이 팔려 당신의 말솜씨에는 신경을 쓰지 않는 것이다.

보는 것에 주의를 집중함으로써, '저 사람은 호감을 가질 수 있는 타입이 아닌데…….' '도중에서 이야기가 끊겨 버렸잖아!' 하는 청중의 심리가 작용하지 않게 되는 것이다. 이렇게 해서 서툰 이야기 솜씨를 커버할 수 있게 된다.

도표뿐만 아니라 평소 우리가 몸에 지니고 다니는 것을 도구로서 활용할 수도 있다.

라이터·손수건·만년필·수첩·열쇠·담배…… 등 생각해 보면 얼마든지 있다.

이것들을 이야기의 도구로서 활용하지 않는다는 것은 애석한 일이다.

이를테면 이야기 도중에 열쇠를 주머니에서 꺼내들고,

"……여기에 열쇠가 있습니다. 이것은 문을 열 때 없어서는 안 될 물건입니다. 그러나 상대의 마음의 문을 여는 데도 열쇠는 필요합니다. 마음의 열쇠에는 세 가지가 있습니다. 지금부터 그것에 대해 말씀드리겠습니다. 먼저 첫 번째의 열쇠는……."

해 본다.

그저 말로만 "열쇠가 있다고 합시다." 하는 것보다 몇 배의 효과가 있을 것이다.

열쇠를 주머니에서 끄집어내는 동작, 그리고 문을 여는 동작, 이것을 상대에게 보임으로써 이야기는 입체적인 것이 된다.

이렇게 작은 도구를 사용하여 이야기를 진행시키면 당신도 흥분된 마음을 가라앉힐 수 있을 뿐만 아니라 듣는 편에서도 아주 즐거운 이야기 솜씨라는 느낌을 갖게 될 것이다.

숙달되지 못한 말솜씨를 커버해줄 뿐만 아니라,

"저 사람 말은 재미있군!"
"훌륭한 말솜씨야!"
하는 평가를 받게 될 것임에 틀림없다.

*03

질문을 많이 한다

고객을 방문하여 처음부터 "이 물건을 사십시오." 하고 권유하면 어떻게 반응할까? 틀림없이 대부분의 고객은 흥미를 느끼기에 앞서 이질감을 느끼고 회피하려고 할 것이다. 고객의 구매 심리를 자극하여 구매의 충동을 불러일으키려면 먼저 인간적인 관심으로 고객의 마음을 사로잡을 일이다. 가령 고객의 복장이 특이하면,

"선생님은 스포츠를 좋아하시겠군요."

라는 한마디를 던져 본다. 다행히도 상대가 스포츠를 좋아한다고 하면 그 다음의 결과는 바람직한 방향으로 전개될 것이다.

또한 얼굴 생김이 좋고 건강한 모습이면,

"요즘 건강에 자신이 있으시죠?"

한다. 이렇게 상대의 대답을 유도하여 마음의 사슬을 묶은 다음 세일즈에 들어가면 어떤 고객이라도 인간적인 예의를 갖추고 응대해주려고 한다.

그러나 단 한 번의 질문으로는 목적을 달성할 수 없다. 질문은 연속적으

로 하여 공통의 화제권에서부터 점차 본론에 도달하도록 유도해야 한다.

유명한 CEO 찰리 코렐라는 사원의 가장 좋은 수단으로 '먼저 물어보고, 그리고 파시오.' 라는 경구를 만들어낸 인물이다.

그가 어느 날 부하에게,

"오늘 아침 강연을 한 사람 어떻던가?"

하고 물었다. 한 세일즈맨이,

"그저 그렇더군요."

하고 대답했다. 그러자 그는,

"이보게, 그분은 나의 은사이셔."

라고 말해 주었다. 대답한 사원은 당황했다. 그러자 코렐라는,

"자네의 실수는 질문 부족이네. 자네가 조금만 더 신경을 써서 나에게 '그분은 누구십니까?' '어떻게 되시는 사이입니까?' 하고 물어보았다면 지금과 같은 곤란은 당하지 않았을 것이 아닌가?" 하고 충고했다.

인간에게 있어서 질문은 마음의 문을 여는 첫 번째 관문이라는 것을 강조하는 이야기이다.

존슨 대통령 밑에서 국방장관을 지낸 맥나마라 장관은 케네디 대통령 이래 매니지먼트의 천재라는 평을 받은 사람이다.

그는 호기심과 사무 능력을 관찰하는 제6감을 가지고 있었으며 동시에 '왜?' 라는 질문을 항상 준비하고 다녔다. 그가 매니지먼트계에서 천재의 칭호를 입은 것은 그 때문이었다.

인간이란 사실은 자기도 잘 모르면서 행동한다. 잘 알지도 못하면서 거부의 의사를 굳히려고 하기 쉽다.

이럴 때일수록 질문이 필요하다. 상대의 거부 심리를 무산시키거나 잠시 억제시킬 수 있는 질문이면 어느 것이라도 상관이 없다.

설득력은 질문을 반복하여 결국 문제의 핵심을 찌름으로써 길러지는 힘이다.

그저 몇 마디밖에 듣지 못한 상대가 어떤 것이 문제의 핵심인지를 가려내기는 어렵다.

질문을 되풀이하여 상대의 성격을 파악했으면 곧이어 당신의 접근을 두려워하는 요인을 가려내야 한다. 자기도 모르는 사이에 노출되어 나오는 거부의 심리를 질문으로 가려 버리는 것이다.

질문할 때는 규칙이 있다.

⊙ 원하는 답을 얻어낼 수 있는 방식으로 질문한다

판매 지배인이 능력급 판매원 일자리를 지원한 사람들에게 던지는 첫 질문이 무엇인지 아는가?

"연간 ○천 달러 이상의 계속적인 미래의 수입을 확보하기 위해 다섯 달 동안 고생해 보지 않겠습니까?"

지원자들은 "예."라고 대답할 것이다. '미래에의 약속'이 감정적으로 접촉한 것이다. '금전'으로 한 호소가 호의적인 마음으로 향하게 하는 것이다.

⊙ 상대가 답을 알고 있다고 믿는다

대답할 수 없는 질문은 상대를 괴롭히는 것이다. 한편 그들에게 자신들의 지식을 알릴 기회를 주는 질문은 곧 훌륭한 감정적 호소가 된다.

⊙ 가능하면 어디서나 상대를 선도하는 질문을 사용한다

선도하는 질문은 상대에게 대답거리를 가져다주며, 당신의 말의 효과를 배가시킨다. 선도하는 질문을 사용하기는 쉽다. 간단하게 말을 만들어서 그것을 질문으로 바꾸어 놓기만 하면 된다.

"당신은 당신 자신의 문제를 알고 있는 사람을 원하고 있습니다. 그렇지 않습니까?"

"대단히 훌륭한 선택이죠?"

"오늘은 화요일이고 16일이 아닌가요?"

"지난번에 우리가 만났을 때 당신은 검은색 양복을 입고 있었어요. 그렇지 않아요?"

⊙ 질문은 상황 · 시간 · 상대에 맞추어 한다

"당신의 정원에서 잡초와 곤충과 벌레들을 영구히 추방하고 싶으십니까?"

이 말은 질문의 규칙들을 대부분 포함하고 있는 판매 전략적인 질문이다. 씨앗가게 등에서 이 질문을 사용하면 아주 효과적이다. 그러나 이 질문을 숙녀용 모자 가게에 오는 고객이나, 구두 닦는 곳을 찾아오는 고객들에게 사용한다면 아무짝에도 쓸모없을 것이다.

⊙ 질문과 대화의 사이사이에 감정을 교류한다

⊙ 명확한 행동이나 동의를 원할 때는 '선택 질문'을 사용한다

어떤 한 가지 방법에 동의하거나 혹은 다른 방법에 동의할 수 있도록 선택권을 주라.

"어떤 식으로 지불하시겠습니까? 현찰입니까, 아니면 지금 ○달러를 주시고 매달 ○달러씩 입금해 주시겠습니까?"

"월요일에 전화를 걸어 주시겠습니까, 그렇지 않으면 목요일 저녁이 더 편하신가요?"

다른 사람들이 당신의 제안에 동의할 때 당신은 자신감과 보다 나은 창의력을 얻게 될 뿐더러 두려움도 없어지고 훨씬 유쾌한 견해를 갖게 될 것이다. 이렇게 감정적으로 호소하면 전에는 결코 경험하지 못했던 방법으로 상황을 다스려 나갈 수 있을 것이다.

*04

순서에 **맞게** 말한다

지하철 속에서 책을 읽어 보라.

다른 사람에게 신경이 쓰일 뿐더러 내려야 할 역을 지나치지 않으려는 생각 때문에 이러한 장소에서 하는 독서는 효율이 떨어진다.

특히 생각을 필요로 하는 독서일 경우에는 무슨 일이 있을 때마다 정신이 산만해지기 때문에 유기적인 파악이 어려워진다.

눈은 글자를 쫓고 있지만, 이해하기 어렵고 기억에도 남지 않는다. 인간의 두뇌 조직은 한꺼번에 많은 것을 처리할 수 있도록 만들어져 있지 않기 때문이다.

이야기할 때도 마찬가지이다.

정리되어 있지 않은 채 한꺼번에 많은 것을 말하면 듣는 이의 머리 속은 마치 헝클어진 실처럼 혼란해진다.

그러므로 대화가 시작되었을 때는 먼저 이야기의 실마리를 찾은 다음, 상대가 한 가지씩 분명하게 이해할 수 있도록 말하지 않으면 안 된다.

대화가 시작되어 4분이 지났는데도 상담이나 대화의 줄거리를 찾지 못했다면 그것은 실패이다.

그렇다면 순서에 따라 말한다는 것은 구체적으로 어떻게 하는 것일까?

⊙ 때의 순서

시간의 흐름에 따르는 배열은 평범하지만 이해하기가 아주 쉽다.

과거 · 현재 · 미래라든지 어제 · 오늘 · 내일이라든지 아침 · 낮 · 저녁 등은 알기 쉬운 순서이다.

이밖에도 물건이 생산되어 가는 과정, 사건의 발생에서 종결까지, 작업의 수순, 기계의 조작법 등 응용 범위는 넓다.

⊙ 공간의 순서

"하늘에 빛나는 별도, 땅 위에 핀 한 송이 꽃도 그 별, 그 꽃이 아니면 할 수 없는 사명이란 것이 있다."

작가들은 이처럼 배열법을 훌륭하게 사용해서 위와 같은 독특한 리듬을 만들어낸다. 오른쪽을 설명했으면 왼쪽을 등장시키는 것과 같은 배열이다.

⊙ 이미 아는 것에서 미지의 세계로 나아가는 순서

상대가 알고 있는 것에서부터 알지 못하는 것으로 나아가는 순서이다. 인간은 자기가 알고 있는 것을 기초로 이해하기 때문이다.

⊙ 중요한 것에서부터 가벼운 것으로 나아가는 순서

처음에 끄집어낸 말은 오랫동안 인상에 남는 법이다.

⊙ 인과 관계에 의한 순서

원인에서 결과로 나아가는 것과 결과에서 원인으로 거슬러 올라가는 방법이 있다.

⊙ 중요 부분만을 강조한다

언어 표현에 서툰 사람들을 유심히 관찰하면 두 가지 형태가 있다.

그 하나는 억양이나 속도에 전혀 변화를 주지 않고 단조롭게 말하는 타입이고, 또 하나는 처음부터 끝까지 고래고래 소리를 질러 말 한마디 한마디를 전부 강조하는 타입이다.

앞의 타입은 너무 단조로워 듣는 사람을 졸게 만들고, 뒤의 타입은 너무 과장되어 듣는 사람에게 부담을 준다.

모두가 서툰 표현임은 말할 필요가 없다. 그렇다면 어떻게 해야 할 것인가?

먼저 다른 부분은 보통으로 표현하고, 그 중에서 가장 중요한 부분만을 강조하는 것이다. 전체를 보통으로 표현하므로 듣는 사람이 부담을 느끼지 않을 뿐더러 중요 부분을 강조하니 요점을 빨리 이해할 수 있다.

*05

포인트를 강조한다

인간 생활은 여러 가지 정보의 교환을 기반으로 해서 이루어진다. 생활에는 가지가지의 지식이 필요하기 때문이다. 이 지식에는 직접 자기가 체험해서 얻는 것과, 타인의 체험을 통해 간접적으로 아는 것 두 가지가 있다.

대개는 보고나 설명으로 알게 되는 간접 체험 쪽이 압도적으로 많다. 때문에 우리는 보고의 세계에서 살고 있는 것이라고 할 수가 있다. 역사상 그릇된 보고 때문에 엉뚱한 결과로 끝나 버린 대 사건이 얼마나 많은가? 또한 보고의 타이밍을 그르쳤기 때문에 대응이 늦어 경영상 커다란 손실을 보지 않을 수 없었던 경우 또한 얼마나 많은가?

분업 중심인 현대사회에서 전달의 기능은 엄청난 것이다. 전달의 중심은 보고이다. 보고할 때 상내가 무엇을 듣고 싶어하는가, 전하는 입장에서는 무엇을 보고해야 할 것인가에 대해 정확히 인식하지 못하면 엉뚱한 보고를 하게 된다. 보고점을 애매하게 해 놓아 장황하게 경과만을 말하는 보고자가 있다.

듣는 측은 정확한 결론을 알고 싶은 것이지 자질구레한 경과를 듣고 싶은 것이 아니다. 따라서 보고자는 다음과 같이 보고점을 명확히 해서 보고하지 않으면 안 된다.

⊙ 중요점   ⊙ 개략   ⊙ 결론   ⊙ 성과   ⊙ 수(數)

이렇게 포인트를 먼저 말해야 한다. 그러면 상대도 받아들일 태세를 갖추게 된다.

"○○에 관해 말씀드리겠습니다."

"수금은 완료되었습니다."

"계약은 끝났습니다."

"안 계시는 동안 세 곳에서 전화가 왔었습니다. 첫째는⋯⋯."

이와 같이 상대가 가장 알고 싶어한다고 생각되는 점을 분명히 말한다. 이 방법은 무엇인가를 설명할 때도 효과적이다.

오늘 중으로 해주어야 할 것은 ○○, △△와 □□ 세 가지입니다. 조금 시간이 걸리겠지만, 되겠습니까?"

이런 식으로 먼저 해결해야 할 건수를 말해야 상대가 받아들일 태세를 갖추게 되는 것이다.

또한 나중에 '그렇구나, 또 한 가지가 남았다.' 하고 잊어버리고 있는 것까지 생각해 내려고 노력해 보라. 오랜 시간 일방적으로 이야기할 때는 그때까지 말한 내용을 한번 요약해주면 그 포인트가 선명해져 상대는 착오를 일으키지 않는다.

"지금까지 이야기한 것을 요약하면 이렇습니다."

"결론으로서 세 가지가 있습니다. ○○, △△와 □□입니다."

이야기를 끝낼 때 솜씨 있게 마무리해 주면 당신의 의도는 바르게 전달된다. 이렇게 잘 정리하는 사람에게는 누구나 일을 안심하고 맡긴다. 좌우간 이야기할 때는 주제를 확실하게 표하는 것이 무엇보다도 중요한 일이다. 그러므로 대화가 시작되었을 때 주제를 확실히 해두면 더욱 효과를 볼 수 있다.

*06

알기 쉬운 말과 표현을 사용한다

이야기의 목적은 상대에게 무엇인가를 알리는 데 있다.

그러나 나의 머리 속에 있는 생각이나 사실을 말을 사용해서 상대에게 제대로 전달하는 것은 상당히 어려운 일이다.

비관적으로 말한다면 완전한 알림은 불가능하다고 할 수도 있으리라.

그러나 그렇게까지 엄밀하게 계산하지 않고서도 생각과 말을 어느 정도 일치시킨다는 것은 가능한 일이다. 그러려면 어떠한 조건을 갖추어야 할까?

먼저 알기 쉬운 말을 사용하는 방법을 알아보자.

상대에게 알린다는 것보다 지식의 자기현시나 레크리에이션적인 요소가 강한 사람이 있다.

그러나 이런 말에는 상대가 당황하게 되므로, 결국 말하는 의미가 없어져 버린다. 따라서 알기 쉽게 말하기 위해서는 다음 사항을 준수해야 한다.

⊙ **전문용어 · 외국어 · 학술용어에 주의한다**

상대가 전문가라면 이보다 좋은 말은 없다. 그러나 여러 분야, 여러 층이 모인 자리에서는 이런 말은 피해야 한다.

부득이 전문용어 등을 사용하지 않으면 안 될 경우에는 보충 설명을 해주어야 한다.

⊙ **사투리에 주의한다**

사투리에는 그 지방 고유역사와 전통이 깃들어 있다.

따라서 그 지방 사람들에게는 절대적인 친근감을 느끼게 하는 것이다.

사투리 때문에 말을 꺼리는 사람이 있는데, 그럴 필요는 조금도 없다. 다만 다른 지방 사람들이 알아듣기 힘든 사투리만은 피하는 것이 좋다.

⊙ **자기도 잘 모르는 말은 피한다**

인상과 영감을 혼동해서 인스피레이션이라고 하는 사람이 있는가 하면, 아이디어(idea)와 아이디얼(ideal)을 잘못 아는 사람도 있다.

게다가 빌어온 듯한 말은 상대를 당황하게 만들 뿐 아니라 잘못이 밝혀질 때는 수치감을 느끼게 된다.

⊙ **유행어 · 속어는 피한다**

유행어는 그 배경이 없어지면 자연히 소멸되는 것이다. 이를 사용할 만한 조건이 갖추어져야 비로소 말 맛이 살아나지, 만약 그것이 없다면 천박해진다.

속어도, 품위를 떨어뜨리거나 의사가 통하지 않게 만드는 경우가 있으므로 주의한다.

알기 쉬운 표현에 내해 일아보자.

⊙ **애매한 표현은 혼동을 가져온다**

"방송국에 근무하는 애덤스 씨의 부인."이라고 하면 방송국에 근무하는 사람이 애덤스 씨인지 그 부인인지를 알 수 없다.

⊙ 기준이 없는 말을 피한다

모든 사물은 어떤 기준이 있어야 비로소 제대로 알 수 있게 되는 것이다.

"어제는 열이 38도까지 올랐습니다만, 오늘은 약간 내렸습니다."

"그는 돈이 많은 사람이지만, 당신보다는 못하지요."

하면 기준이 있으므로 이해하기가 쉽다.

⊙ 구획을 짓는다

장황하게 이것저것 늘어놓으면 무엇이 중심인지 알 수가 없게 되어 버리기 때문이다.

한 광고회사에서 지극히 까다로운 단서가 붙어 있는 카피를 의뢰 받았다.

호별 방문과 텔레마케팅에 사용할 수 있고, 더욱 많은 사람들의 지지를 받을 수 있는 짧은 글을 만들어 달라는 요청이었다.

의뢰한 곳은 기부금 모금단체였는데, 지금까지 사용하던 문안은 '금년에는 저희 단체에 얼마 정도를 기부해 주시겠습니까?' 하는 것이었다.

광고회사에서는 수많은 아이디어를 내고 이를 심사했다. 그리고 결국 다음과 같은 카피로 낙착했다.

'금년에는 얼마를 더 기부해 주시겠습니까?'

작년까지 전혀 기부하지 않던 사람에게도 똑같은 내용으로 부탁했음은 물론이다.

그러자 그 효과는 엄청나게 나타났다.

요즘의 광고 카피를 검토해 보면 상품의 질이 좋아졌다는 광고에도 '더욱'이라는 비교급 형용사가 붙어 있음을 알 수 있으리라.

'지혜로운 선택' '편안한 드라이브를 보장해주는 차' 등을 보면 선전 효과를 배가시킬 수 있는 호기심을 불러일으켜 준다.

　가까운 친구나 연인 사이에서도 이 방법은 절대적이다.

　항상 일정한 거리를 유지하고 더 이상 가까워지지 않는 사이일 경우에는,

　"당신에 관해 좀더 많은 것을 알고 싶어요!"

　"이제 우리 사이가 좀더 가까워질 때가 된 것이 아닐까?"

　하는 비교급의 언어를 사용함으로써 보다 효과적인 접근을 시도할 수가 있게 될 것이다.

*07

특기를 살린다

신처럼 완전한 인간은 없다. 사람의 일생이란 종착역이 없는, 인간 형성에의 길고 긴 도정이다.

따라서 인간은 누구나 어딘가에 결함이 있다.

모든 면에서 뛰어난 사람도 없고, 모든 면에서 쓸모 없는 사람도 없다.

여성 앵커인 보헴 여사는 말을 기관총같이 한다. 그녀의 말을 듣는 사람은 마치 기관총알이 정신없이 날아오는 듯한 느낌을 받는다.

그녀는 머리 회전도 굉장히 빠르다. 논리에 빈틈이 없기 때문에 상대자들은 맥을 못 춘다. 자존심 때문에 그녀를 싫어하는 사람도 있을 정도이다.

그러나 그녀의 뛰어난 비판력 · 설득력에는 거의가 경탄을 금치 못한다.

이것은 그녀의 인상을 강화시킨 주요한 원인이 되었다.

명석한 두뇌와 용기는 주위의 많은 사람들에게 경의를 표하지 않을 수 없게 할 정도이다.

이 점은 그녀를 특징지어 주고 있기도 하다.

그녀와 대조적인 사람으로 메리분 여사가 있다.

보헴 여사보다 머리의 회전은 훨씬 느리다.

어떤 화제가 나오면 가만히 있지 않고 자기의 주장을 말하지만, 모험은 하지 않는다.

물론 말하는 것을 직업으로 하고 있지만, 그녀는 같은 말을 되풀이하는 스타일이므로 별다른 파탄은 일으키지 않는다.

게다가 새롭게 이론 형성을 하는 타입도 아니다.

그러나 조용히 흐르는 물과 같은 말솜씨와 순박한 태도, 모나지 않은 성격으로 해서 그녀는 결코 무시할 수 없는 존재가 되어 있다. 이것이 사람들의 인상에 깊이 남은 것이다.

마찬가지로 똑똑한 사람이 있는가 하면 과묵한 사람이 있고, 활달한 사람이 있는가 하면 무게 있는 사람이 있다.

이렇게 사람은 가지가지이다. 그리고 자기의 플러스적인 면과 마이너스적인 면을 정확히 알고 있는 사람은 자기만의 독특한 맛을 지니고 있다.

자기만이 가지고 있는 이런 특징을 살려야 한다.

아무리 못난 사람에게도 살릴 만한 장점은 있는 법이므로 이점을 발굴해서 키워나가야 한다.

다른 사람들의 호감을 사는 인품, 귀를 즐겁게 해주는 아름다운 목소리, 무게 있는 저음, 막힘 없는 발음, 밝고 꾸밈없는 얼굴 등.

이야기의 내용에서도 풍부한 화제로 흥미 있는 일이라면 모르는 것이 없노라는 사람이 있는가 하면, 깊이 있는 발상으로 타인을 놀라게 하는 사람도 있다. 논리적인 이야기라면 누구에게도 지지 않는다는 사람도 있다. 사람을 감동시키는 특징을 지닌 사람이 있는가 하면, 듣는 사람을 즐겁게 하는 유머가 풍부한 사람도 있다. 그런가 하면 타인에게 안도감을 주는 타입도 있다.

자. 이제 당신은 무엇으로 승부할 것인가?

타인에게 인상을 깊이 심어줄 수 있는 자신의 특징은 무엇인가를 알고 이를 키워 가야 한다.

그렇게 하노라면 언젠가 자신의 특기를 실릴 수 있는 기회는 반드시 찾아오는 것이다.

*08

단계를 지어 **내용을 명확히** 한다

생각나는 대로 말을 장황하게 늘어놓는 사람이 있다. 마치 소가 침을 흘리고 있는 모습과 흡사하다고나 할까?

본인은 이야기를 즐기고 있는지 모르지만, 이래서는 듣는 편이 괴로워진다. 그리고 이 사람은 도대체 무엇을 말하려고 하는가 하는 의심이 된다. 끊고 맺음을 분명히 하지 않으면 듣기에도 거북하고, 말의 내용도 분명하게 이해하기 어렵다. 사실을 말하는 것인지, 의견을 말하는 것인지도 분명치 않다.

특히 만일 보고자가 그런 사람이라면 큰일이다. 보고는 보고받는 사람의 의사 결정에 결정적인 영향을 주는 것이므로 사실과 의견을 혼동한다면 그 결과는 엄청난 것이 되어 버린다.

보고는 있는 그대로의 사실을 알리는 것이다. 주관·감정과 객관적인 사실은 분명히 구별해야 한다.

사실을 말하는 것인 경우에는 "ㅇㅇ했습니다." "ㅇㅇ이었습니다." 하는 과거형으로 표현하는 것이 원칙이다.

그리고 사실인지 의견인지 분명치 않다라는 혼란을 피하기 위해서는 다음과 같은 점을 주의해야 한다.

⊙ 될 수 있는 한 추론을 피한다

추론이란 알고 있는 사실을 기초로 해서 알지 못하는 일을 예상하는 것이다. 만일 추론을 사실로서 잘못 받아들인다면 큰일이다.

⊙ 단정을 피한다

단정이란 분명하지 않은 사실을 분명한 것으로 굳혀 버리는 것이다. 특히 사람에 관한 일을 단정해 버리면 사실과 맞지 않는 경우가 많이 생긴다.

예컨대 "그는 거짓말쟁이."라고 했다고 하자. '거짓말쟁이'는 명사이다. 그러나 어느 때, 어느 장소에서, 어떤 거짓말을 했다는 것이 아니라면 그 말은 정확한 것일 수가 없다. 그러므로 당신은 상대에게 객관적인 사실을 판단의 자료로서 제공하는 것이 좋다. 즉 당신은 어디까지나 사실만을 정확하게 전달하고, 판정은 듣는 편에서 하도록 해야 한다. 그래야만 추론이나 단정에서 생기는 폐단을 미연에 방지할 수 있다.

무엇인가를 설명하는 경우에도 끊고 맺음이 애매하면 이야기 전체가 흐려지고 만다. 설명이 긴 경우에 단계마다의 포인트를 선명히 하지 못하면 상대는 이해하지 못할 것이다.

긴 내용을 설명할 때는 단계법을 사용하자.

대표적인 것이 3단계법, 4단계법, 5단계법이다.

3단계법은 ① 서론 ② 본론 ③ 결론의 순서로 이루어지며 문장이나 이야기를 마무리하는 전형적인 방법이다.

4단계법은 이른바 기승전결법이다. 4컷 만화 같은 데서 자주 사용하는 방법이다.

5단계법은 3단계법을 한 걸음 더 발전시킨 것이다.

제5장

부드럽게 비판하는 비결

*01
위로의 **말**을 잊지 않는다

　친근감이 결여된 비판은 꾸중에 지나지 않는다. 비판은 항상 상대의 감정을 상하게 만들기 때문에 자칫 적대감을 불러일으켜 개인적으로 적의를 품게 할 우려가 있다.

　비록 존경했던 사람에게서 비판을 받을지라도 정도의 차이가 있을 뿐 기분이 상하기는 결국 마찬가지이다.

　존경하고자 하는 마음은 따뜻한 포용의 정을 느낄 때에 생기는 것이다. 이와 반대로 차거운 비판의 말을 들을 때 그 정이 가실 것은 뻔한 이치이다.

　정유공장의 작업 감독관이 공장 내를 순시하던 중 '화기 엄금'이라는 경고문이 엄연히 걸려 있는 곳에서 어떤 공원이 태연스레 담배를 피워 문 것을 발견했다. 감독관은 그러나 슬며시 그의 곁으로 가서,

　"어디 그렇게 맛이 좋은가? 나도 한 대 주게."

　하면서 당황하여 어쩔 줄 모르는 공원에게 손을 내밀었다.

공원은 불호령이 떨어질까 봐 당황하여 어쩔 줄 모르고 있었는데 그가 돌연 담배 한 대를 청하는 바람에 잠시 마음을 놓았다. 공원의 담배를 받아드는 감독관은,

"자, 그러면 어디 한 대 피워 볼까? 참 그런데 말일세. 여기에서 담배를 피우다가 이 가스통이 폭발하면 어떻게 되지? 폭탄 창고 옆에서 불장난을 해서야 되나? 자, 우리 저 밖으로 나가지. 내게 아주 질 좋은 담배가 있네. 자네에게 한 개비 줌세. 그리고 앞으로는 이런 곳에서 절대 금연하라구."

하는 것이었다. 감독관은 여기에 그치지 않고,

"나도 자네 못지 않은 골초야. 한참 일을 하고 나면 담배 맛이 그야말로 꿀맛이지."

하는 동조의 빛까지 띠우는 것이었다.

감독관은 적당한 분위기로 힐책을 마친 후 끝에는 위로의 말까지 덧붙인 것이다.

상대를 힐책함으로써 의욕 상실을 불러일으킨다면 이것은 전적으로 힐책한 사람의 과실이라고 할 수 있다.

힐책이나 비평의 의도란 좀더 좋은 결과를 얻고자 하는 데 있다. 힐책이 의욕 상실에 이어진다면 결국 힐책은 힐책으로서 끝나고 만다.

상대의 마음속에 '힐책을 받았다.'가 아닌 '위로를 받았다.'는 느낌이 들도록 해야 한다.

업무를 할당해주고 지정 기일까지 완수하라고 일렀던 사원이 아직 미결인 채 있다고 보고했다고 하자.

"자네답지 않은걸? 그 정도라면 자네의 능력으로 얼마든지 할 수 있을 텐데. 그러나 너무 걱정은 말게, 나 역시 때론 슬럼프에 빠질 때도 있으니까. 아마 자네도 요즘 피로한가 보지?"

하고 힐책과 위로의 끝말을 잊지 말아야 할 것이다. 상대의 불미스러운

점을 탓하고 난 후에는 자아를 다시 회복시켜 주는 위로의 말을 잊지 말아야 한다.

그러면 직설적인 힐책으로 강요를 했을 경우에는 얻을 수 없는 존경심까지도 함께 얻을 수 있다.

유종의 미는 힐책 작전에서 가장 중요하다.

*02
질책은 한번으로 끝낸다

책의 말이 길어지면 잔소리가 된다.

스페인의 헤레스라는 지방에 사는 사로마 월프 부인은 잔소리가 유난히 심했다. 남편인 월프 씨는 아내의 잔소리 때문에 시달리다 못해 죽고 말았는데 그녀는 남편이 죽고 난 후에야 자기의 잔소리가 심했다는 것을 깨달았다. 그리고 그 죄 값을 치르려고 자기의 혀에다 남편의 초상을 문신으로 새겨 넣었다.

이것은 극단적이기는 하지만 잔소리가 심하면 이런 비극도 초래하게 된다는 사실을 말해주는 좋은 이야기이다.

슬기로운 지배자 솔로몬도.

"잔소리가 많은 여자와 더불어 지내느니보다는 차라리 지붕 밑 다락방에 사는 편이 현명하다."

고 간파하여 잔소리는 인간 관계를 해치는 독소임을 지적했다.

잔소리는 이미 비평의 말이나 힐책의 말이 효과를 상실한 상태를 가리킨다.

좀더 효과를 얻기 위한 비평이나 힐책은 단 한번에 그쳐야 한다.

또한 힐책의 방편으로 예전의 일을 들추어내거나 지엽적인 이야기를 확대·발전시킴으로써 이야기가 길어져서 상대가 곤욕을 치르도록 만들면 안 된다.

힐책의 원 개념은 잔소리를 가리키는 것이 아니다. 힐책이란 명료하게 충고하여 책임에 대한 한계를 확인시키거나 좀더 개선시키고자 하는 데 목적이 있다.

힐책이 지루하게 발전하여 잔소리가 되면 그 효과는 전혀 기대할 수 없다. 상대의 상처를 건드리는 자극적인 이야기를 계속하여 가정을 손상시키면 힐책 전의 상태보다 오히려 더욱 나쁜 결과가 생긴다.

단 한 번으로 개선할 수 있도록 힐책의 말을 줄이는 것이 오히려 좋은 효과를 얻을 수 있다.

철학자 에피쿠로스도,

"긴말이나 짧은말이나 그것이 내포하고 있는 목적은 한 가지이다."

라며 말이 많음을 경고했다.

실업가요 교육자인 카네기 역시,

"잔소리를 들으며 맛있는 요리를 먹기보다는 편안한 마음으로 핫도그를 먹겠다."

고 했다.

이렇게 힐책이나 비평에서 말이 많으면 득보다는 해가 많음을 알 수 있다.

*03

잘못된 부분만 지적한다

말에는 필연적으로 말하는 사람의 주관이 작용한다. 그러나 이야기에 주관이 섞인다 함은 감정적이 되기 쉽다는 것을 의미한다. 감정의 노출은, 상대에게 충고나 비판을 할 때에 있어서는 특히 금물이다. 감정의 충돌을 초래할 여지가 많기 때문이다.

그러므로 일상적이고 객관적인 기분으로 이야기를 해야 한다.

예를 들어 개성이 너무 강하여 다른 사람과 화합하지 못하는 사람에게,

"사람에게는 개성이 특히 중요하지요. 그렇지만 개성이 강하다는 것은 유능하다는 것과는 조금 다른 의미를 갖고 있지 않을까요?"

하는 식으로 충고를 한다면 그는 틀림없이 스스로 개성을 조절할 줄 아는 유능한 사람으로 바뀔 수 있을 것이다. 전체를 싸잡아 비평을 하고 충고를 하는 것도 잘못된 결과를 부르기 쉽다.

한 여자 성형외과 의사는 사람들이 성형수술에 관한 질문을 하면 될 수 있는 대로 생긴 그대로의 자연미를 지니고 있으라고 충고부터 한다.

．

　보통 성형수술을 받고자 하는 사람들은 부분적인 수술보다 얼굴 전면에 걸쳐 대폭 수정하려고 한다. 그러면 그녀는, 수술을 해놓고 후회했던 사람들을 일일이 상기시켜 그들의 무모한 결심을 시정토록 한다. 결국 환자들은 그녀의 설득과 충고에 모두 수긍하여 어느 한 부분의 성형에 그친다. 그녀는,

　"당신의 눈은 얼굴의 크기에 비교했을 때 결코 작은 것이 아니예요."

　"코를 높이면 입이 가려지므로 얼굴의 균형을 해칠 텐데요." 등의 말로써 뒤에 있을 후회를 사전에 막는다고 한다.

　성형외과 의사들이 모두 그녀의 경우처럼 충고와 조언을 선행한 후 수술에 들어가는지는 알 수 없으나 어쨌든 그 비결로 해서 그녀는 성형학계에서 가장 믿음직하고 실력 있는 의사로 꼽힌다.

　특정 부분에 대한 지적은 기타 다른 부분에 대한 무의식적인 칭찬이 될 수도 있다.

　열 개의 조건 중에서 꼭 한 가지가 해결 불능이면 다른 아홉 개의 조건이 수월하게 보이듯, 충고를 받는 입장에서도 꼭 한 부분만 지적 받으면 크게 기분이 상하지 않는다.

　"리즈 씨. 다른 것은 다 좋아요. 능력 있고 성실하고, 그러나 너무 자신에 차 있기 때문에 이런 잘못을 유발한단 말이요."

　"계획 수립도 좋고 자료 수집도 좋았으나 아마 재료가 좋지 않았던가 보군요."

　이러한 충고를 감정적인 말로서 받아들일 상대는 없다.

　힐책을 할 경우 주관보다는 객관적 사실에 기준을 두어야 할 것이며 전체를 지적하기보다 부분만을 꼬집도록 한다.

*04

먼저 칭찬부터 한다

TV와 라디오에는 시청자가 직접 출연하여 자신의 능력을 평가받는 프로그램이 숱하게 많이 편성돼 있다. 이들 프로그램의 진행을 눈여겨보면 안타깝도록 불안한 경우가 있다.

노래 프로에서 출연자가 간혹 실수를 하여 완벽한 재능을 보여주지 못했다든지 제멋대로 편곡하여 부르면 심사위원은 아주 점잖은 표현을 빌어 하는 것처럼 비평을 한다.

"첫 번째 출연자는 음정이 고르지 못해 듣는 사람에게 가사가 정확히 전달되지 못했어요. 좀더 발음과 음정 훈련을 한 뒤에 출연하셔야겠습니다."

"둘째 소절은 출연자가 마음대로 편곡하신 모양이군요?"

등으로 그렇지 않아도 초조해 있는 출연자들을 불안하게 한다.

이럴 경우의 어휘는 좀더 신중하고 따뜻하게 선택해야 한다.

"세 번째 출연하신 분은 소질이 있는 것 같습니다. 성량도 풍부하고 앞으로 발전할 소지도 엿보입니다. 그러나 오늘은 곡목 선택에 허점이 보였습니다. 다른 곡으로 들었으면 좋았을 텐데……."

하는 식으로 우선 "참 좋았습니다." "소질이 있군요." 등의 찬사를 먼저 한 뒤에 개선할 점을 지적하여 새로 노력해 보겠다는 분발심을 불러일으켜 준다.

이것은 상대에게 만족을 주면서 그와 함께 설득도 가능케 하는 화법이다. 찬사와 지적과 격려의 세 부분으로 나누어 말하면 결국 말의 요지는 개선이라는 것에 귀착되지만, 상대에게는 전혀 지적의 의미로만 받아들여지는 것이 아니다. 도리어 자기를 주의 깊게 살펴본 심사위원의 제의에 감사한다.

이러한 화법은 사회생활 전반에 응용하고 활용해야 한다.

꼭 설득을 해야 될 경우에는 먼저 상대의 여건을 존중하고 능력을 인정하여 찬사를 아끼지 않은 다음 '그러나' '단지'와 같은 단서를 달아 설득하고자 하는 요지를 피력한다.

대부분의 경우 일단 감동이 되어 있을 경우에는 다음에 얼마만큼의 충고가 계속된다 하더라도 상관이 없다. 특히 이러한 화법은 특히 상대를 통솔하고 다루기 위한 수단이기도 하다.

어떤 경우 상대가 실수를 했다 하더라도 따뜻한 격려를 한 후에 다시금 그러한 돌발적인 실수를 하기 전 미연에 방지할 수 있도록 조언하는 마음이 중요하다.

이것은 마치 속에는 쓰디쓴 약이 감춰져 있지만 겉에는 달콤한 사탕을 씌운 당의정과 같다. 그러나 이것은 결코 속임수는 아니다. 보다 더 설득력을 높이기 위한 보조적인 수단이요, 상대가 반발심을 일으키지 않도록 조장하는 태도이다.

무분별한 억압적 자세로 상대를 지적하고 충고하는 것은 상대의 자존심은 안중에 두지 않는 처사이며, 결과적으로 노력하고자 하는 의욕을 더욱 꺾어 버리고 마는 냉혹한 방법이다.

추켜세우면서 진지한 충고와 격려를 하는 이는 대화 능력이 완벽한 사람이다.

*05

비판은 은밀히 한다

    비판은 은밀하고 정적인 분위기에서 진행해야 한다. 공개적으로 상대의 결점을 지적하거나, 제3자에게 들어보라는 듯이 상대에 대한 비판을 확대시키면 감정을 자극받고 모욕감을 느끼게 되어 비판의 효과가 없다. 비판을 하는 데는 상대가 순수하게 받아들일 수 있도록 둘만의 자리를 만들어 은밀한 분위기임을 느끼게 만든다.

    인간의 자존심의 너울을 벗고 소탈한 기분으로 전환하기 어려운 존재이다. 그러므로 자존심을 최대한 살려주는 태도로 비판을 시작하면 상대는 진지하게 나의 말을 받아들인다.

    무역회사 직원이 외국 오퍼상의 '오더'에 엉뚱한 견적을 띄워보내 주문을 포기하게 하는 실수를 저질렀다. 평소에도 실수가 잦은 그였다. 하루는 부장이 퇴근 시간에 단둘만이 있게 된 기회를 잡아 빈번한 실수를 문책했다.

부장으로서는 단둘만의 분위기라는 데서 허심탄회하게 그의 실수를 들어 개선할 것을 당부하였다. 그때 퇴근을 했던 여사원 하나가 갑자기 사무실로 되돌아와 자기의 책상으로 가다 분위기를 눈치채고 멈칫하는 것이었다. 그러자 묵묵히 듣고만 있던 사원은 당황하며 문책을 계속하던 부장의 말문을 막더니 거센 목소리로 반발하는 것이었다.

부장으로서는 당황할 수밖에 없었다. 정당한 문책을 하는 자기에게 당돌하게 반발하는 그의 심사가 괘씸하기도 했다. 그러나 갑자기 들어선 여사원 때문에 그랬구나 하는 생각에까지 신경이 쓰이자 그만 문책할 기분을 잃고 말았다.

부장의 경험은 우리 주변에서 무수히 일어나는 일이다.

문책하는 한마디의 말 때문에 인간적인 연결이 단절되는 비극적인 일이 일어날 수 있다.

공개적인 비판은 상대에게 자극을 주어 실추된 명예를 회복하고자 분발하는 계기는 될 수 있지만, 그보다는 심각한 패배감을 느끼는 경우가 더 많다. 꾸짖음의 효과는 말의 힘에 있는 것이 아니고 인간의 정에 좌우된다.

프랑스의 사상가 로슈푸코는,

"우리는 즐겨 남의 정체를 밝히려 하지만 누구든지 자기가 남에게 노출된다고 느끼면 불쾌감을 느낀다."

고 말했다.

나만의 생활은 누구나 갈망하는 것이다. 이 세상은 공동사회의 인상을 풍기고는 있지만 사실은 지극히 심각한 개인주의가 팽배해 있다. 사람들이 자기 혼자만의 만족으로 미소를 얻고 자기 불만은 자기 혼자만으로 그치도록 노력하기도 하며, 무능력한 점은 남이 알아채지 못하도록 상당히 조심한다.

　여기서 개인 생활을 침해하는 비판이나 충고는 금물이다.

　적어도 감정의 자극을 최대한으로 축소시킬 수 있는 훌륭한 비판이란, 비판의 내용을 제3자가 알 수 없도록 배려하는 데서 출발하는 것이다.

*06
자존심을 건드리지 않는다

충고와 비평은 어쨌든 기분 좋게 받아들일 성질은 못 되는 편이다.

당신이 충고를 하는 입장에 놓였다면 아무튼 상대보다는 당신이 우월한 입장에 놓여 있다는 반증인데 이런 경우의 처세는 특히 중요하다.

〈플라다크 영웅전〉을 보면 이런 말이 있다.

"상처에 유효하다고 꿀을 바르면 상처가 낫는 것보다 우선 쓰린 기분에 싫어지고, 염증이 생긴 눈이 강한 빛을 싫어하듯, 솔직한 충고는 듣는 고통을 참을 수가 없다."

아무리 건전하고 진지한 충고라도 상대의 자존심을 건드리거나 상처를 자극하면 역효과를 수반한다.

분명 상대에게 도움이 될 만한 이야기라도 지레짐작하고 섣부른 판단을 내려 충고하게 되면 인간 관계에 상처를 남길 여지가 다분하다.

그러므로 적당한 분위기를 조성하고 부드럽게 받아들일 수 있는 여건을 만든 후 입을 열어야 한다.

인간 관계의 전문가 제임스 벤더 박사는 충고와 비평의 타이밍에 대해서 이렇게 말했다.

"나의 경우를 보면 대부분 충고를 원하는 사람들에게 우선 '나 역시 잘 모르지만' 하고 말문을 연다. 상대에게 '저쪽도 잘 모르고 있구나.' 하는 우월감을 느끼게 하는 것이다. 상대가 우월감을 느낀 후 충고를 하면 거의 완벽한 효과를 기대할 수 있다."

벤더 박사의 이론에 의하면 '상대의 감정의 흐름을 교묘히 이용하여 우월감을 자극한 후 입을 열어야 한다.' 는 것이다.

어떤 때는 상대가 자청해서 충고나 조언을 의뢰하는 경우도 있다. 이런 경우에는 거의 모든 사람이 칭찬 섞인 말을 듣고 싶어한다는 것도 알아야 한다.

자기의 자존심을 은폐하고 머리를 숙이는 상대에게 우월감을 느끼고 직언을 서슴지 않는 사람은 실패하는 일이 많다.

벤더 박사에게 이런 일화가 있다.

유명한 제과회사의 노무관리를 담당하는 감독관이 어느 날 그에게 노무관리에 대해서 조언을 청해 왔다. 벤더 박사는 정중히 사장실을 안내받았다. 사장은 단도직입적으로 질문을 했다.

"박사님은 우리 회사를 위해 무슨 일을 하실 수 있습니까?"

벤더 박사는 잠시 대답을 망설이는 표정을 짓더니,

"글쎄요, 잘 모르겠습니다만……. 우선 중역의 의견을 들어보겠습니다."

하고 대답했다.

이 말을 들은 사장은 그 즉시 박사에게 향후 3년 동안 자기 회사의 자문을 부탁하였다.

이 일화에서 알 수 있는 것은, 그 제과회사에서는 그 동안에도 유능하다는 전문가를 몇 명 초빙한 적이 있는데 초빙되어 온 전문가가 한결같이 그들의 지론을 내세워 일방적인 충고를 서슴지 않았으나 벤더 박사는 처음에,

"잘 모르겠습니다."

하고 겸손한 태도로 임했기 때문에 사장의 우월감을 진작시켰다는 점이다.

충고와 조언도 때에 따라 언어에 의해서 전혀 효과를 달리하게 되는 것이다.

*07

분명한 대안을 제시한다

막연한 타당성에 기준을 두고 상대를 힐책하는 것은 무모한 일이다. 보다 확실한 근거를 가지고 기준을 설정하고 그 설정 기준에 미흡할 경우에 힐책을 해야 한다. 그리하여 상대에게 개선 목표를 갖게 해주어야 한다. 상대는 자신이 어떠한 잘못을 저질러 힐책을 받게 되었는가에 대한 기준을 알아야만 나름대로 개선의 기준을 설정할 수가 있다.

불만이 많은 대다수 샐러리맨들은 상사가 꾸지람을 하거나 문책을 할 때 무턱대고 자기 감정에 빠져 있으며 그 문책의 기준도 자기 나름의 것이라서 꾸중을 듣는 입장에서는 개선하고자 하는 마음보다 '또 잔소리만 하는구나.' 하는 느낌만 준다.

그리고 앞으로 어떻게 해 달라고 하는 이야기마저도 해주지 않아 문책을 받을 경우에는 막연하게 그저 기분만 상할 뿐이라고 한다. 또한 노력을 다하여 일을 마무리져 놓았으나 상사는 무엇이 불만인지 완성된 서류를 들고 연신 투덜거리는 꼴이 정말 보기 싫다고 고백하기도 한다.

샐러리맨들이 하나같이 말하는 이와 같은 타입의 상사에게는 힐책의 점수를 영점밖에 줄 수가 없다.

부하를 다룬다 함은 일정 기준 이상의 능력을 발휘시킨다는 것이다. 그러나 앞서의 이야기와 같이 처세한다면 좋은 결과를 얻을 수가 없다. 시정의 목표를 확실히 염두에 두고 개선을 당부하는 상사의 요구에 응하지 않을 사람이 있겠는가!

진정 유능한 사람은, 목표를 정해 놓고 그 목표를 달성키 위한 계획을 상대에게 지시할 수 있는 능력을 갖춘 사람이다.

이런 명확한 목표 의식을 갖게 되면 상대의 조건과 목표 사이의 갭을 쉽게 감지할 수 있다. 공장에서 제품의 불량률이 증가하거나 종업원의 실적이 부진할 때, 상사는 좋은 제품에 대한 정확한 수준을 제시하여 개선을 지시해야 하며, 종업원 작업 실적이 부진할 경우에는 과학적인 분석 아래 실적 목표를 설정하여 그 기준에 도달한 것을 지시해야 한다.

윗사람이 기준과 목표를 설정해주지 않으면, 힐책을 모면키 위한 차선책을 내놓고 마는 것이 아랫사람의 보편적 행동이다.

그러므로 당신은 '어떠한 목표라도 최초의 한 발짝부터 시작한다.' 는 의욕을 불러일으켜야 한다.

1백을 기준 목표로 삼았다면 첫날은 1부터 시작하라고 지시하자. 무작정 1백을 향해 돌진케 하면 결과는 시행착오뿐이다.

한 세제회사의 연구팀이 신제품을 개발할 때의 이야기이다. 처음 기획자가 실무자에게 의뢰한 제품 개요는 질과 원가의 하한선에 불과했다. 그러나 몇 달이 걸려도 실무자들이 제품에 대한 방향마저 잡지 못함을 안 기획자는 경쟁사에서 생산한 세제를 입수하여 견본으로 제시했다. 그런 연후에야 그들은 인기 있는 세제를 탄생시키게 되었다.

방안 제시는 최상의 힐책이다.

*08

공개적인 비평도 때론 필요하다

사람은 누구든지 자기 자신을 천박하다거나 불공정하다고 생각하지는 않는다.

다음 사람에게 피해를 준 행동을 저질렀을 경우에도 자기가 한 행동에 대해 합리화하려고 하고, 숱하게 많은 억지 자료를 동원하여 자기의 무고함을 변명하려 한다.

그리고 누구라도 자기의 잘못을 지적하지 않을 때까지, 또한 자기가 가장 친절하고 공명정대하다고 생각할 때까지 자존심 뒤에 몸을 감추려 한다.

산업 심리학자인 더트 호스트먼은,

"사람들이 자기를 무고하고 공명정대하다고 여기게 되는 것은 그 자신이 불충분하기 때문이다. 결국 자기 자신을 신뢰하지 못하기 때문인데 인간은 아직도 신뢰 관계를 보상할 수 있는 능력은 갖추지 못하고 있다."고 하여 인간의 자기 보호에 대해서 일침을 가한다.

그의 말에도 이미 언급되었지만 인간은 자기의 처지가 약화되는 기분을 느끼게 되면 힐책의 말이나 비평의 자극적인 말을 수용할 여유를 잃게 된다.

이런 형의 사람은 외곬으로 평가받아 사람들의 신망을 잃게 된다. 극구 변명하려는 사람이 신의를 잃어 친구들조차 충고는커녕 무관심하게 대하는 바람에 외롭게 된 경우를 우리는 많이 보아 왔다.

위대한 과학자로 알려진 뉴턴도 한때 아주 평범한 원리를 자기 나름대로 고집하다가 하인의 빈축을 받은 적이 있다.

뉴턴이 늙었을 때의 일이다.

하루는 빨갛게 단 난로 옆에 앉아 있자니 더워서 견딜 수가 없었다. 참다 못한 뉴턴은 하인을 불러,

"이 난로의 불을 끄게."

하고 말했다. 그러나 하인은,

"난로 불을 끄면 곧 춥다고 다시 피우라고 하실 텐데요?"

하고 뉴턴의 즉흥적인 기분을 이해할 수 없다는 태도로 되물었다. 그런데도 그는 하인의 충고를 듣는 척도 않고 계속 하인을 다그쳤다. 마침내 하인은 몹시 안 됐다는 표정을 지으며 말하는 것이었다.

"그러면 난로 옆에 바싹 당겨 앉아 계시지 말고 의자를 멀리 해 놓고 앉으십시오."

뉴턴은 자기의 외곬 덕분에 하인의 한심스런 충고를 받게 되었던 것이다.

뉴턴의 일화에서 알 수 있듯 하인의 비평은 아주 세련된 것으로 뉴턴으로 하여금 더 이상의 변명을 늘어놓지 못하게 만들었다. 이렇게 힐책이나 비판을 모면키 위하여 변명을 늘어놓는 상대에게는 변명하는 자세가 어

리석음을 잘 납득시키는 것이 필요하다.

그러나 여기에서도 설득의 경우처럼 부드러운 어조가 효과적인 것은 아니다. 변명이란 다른 변명을 생각해내기 위한 것이므로 비평의 끝맺음을 나의 뜻대로 강행시키려면 때로는 단도직입적이고 직설적인 언어를 사용해야 한다.

무지한 사람에게는 무지를 꼬집고, 무례한 자에게는 공손치 못함을 공개적으로 비난해도 좋다.

단둘이 있을 때 하는 비평은 변명의 사슬에 얽매여 실마리를 찾을 수 없게 될 수도 있다. 그러나 공개적인 비평을 하면, 나의 비평과 상대의 변명은 대중 앞에서 공정히 심판을 받게 되므로 상대는 더 이상 변명을 하지 않는다.

*09
지나친 간섭은 금물이다

예술 하는 사람들의 대부분은 이기적이고 독선적인 면이 다분하다. 또한 개인주의적인 경향이 예술로 비약하는 때문인지, 예술을 함으로써 개인화가 되어 버리는 때문인지, 혼자 있을 때가 제일 쾌적하다고 술회하는 사람이 많다. 이런 사람들에게 작품에 대한 간섭을 한다든지, 사생활에 대해서 추궁을 하게 되면 벌컥 화를 낸다.

나는 친절한 기분에서 우러나와 한 말이었으나 받아들이는 입장에 놓인 사람은 친절한 그 한마디의 말이 거북스럽고 감정을 건드린 것이다.

물론 보통 사람들도 간섭을 받게 되면 노여워지는 감정을 가지지 않을 수 없겠으나 그 표현 정도가 지나치지 않을 뿐이다.

다만 간섭을 받음으로써 그때의 기분이 더욱 나빠졌을 때 화를 내게 되는 것이 상례이다.

심리학자 H. 시노트는 사람이 노여워지는 원인을 분석했는데 자존심을 상했을 경우, 욕구 불만일 경우, 수면 부족, 심리적으로 불안할 경우 등이 있다고 한다.

그러나 시노트 박사가 분석해낸 결과를 토대로 가설을 세워 보면 사람은 간섭받기를 가장 싫어한다고 할 수 있다.

그러므로 상대를 비평할 때는 지나친 간섭이라는 인상을 주지 말아야 한다.

베어링을 생산하는 회사에 한 제작부 책임자가 있었다. 그는 위로부터 "베어링 생산량을 늘리도록 하라."는 지시를 받고 공원들에게 다시 지시를 내렸는데 너무 오랫동안 작업에 별 진척이 없었다.

그의 작업 독려의 방법을 보면 매일 매시간 작업장을 돌아보며 작업에 대해 간섭을 하고 작업이 부진한 곳에서는 장시간을 지켜보고 있었다.

나는 그에게 몇 가지 좋은 의견을 말해 주었다.

우선 거의 매시간 순시하던 규칙을 버리고 간섭을 최대한으로 줄이며 공원들이 잘못하여 작업량이 미달되었을 경우에는 아무 힐책도 하지 말고 잠시 휴식을 갖도록 배려하라고 했다. 그런 후에 구체적으로 작업반 편성의 효율적인 면을 고려하여 보기로 했다.

그는 먼저 내가 일러준 대로 실천해 보았는데 처음 며칠 동안은 제법 반응이 좋았으나 결국 마찬가지였다.

그래서 나는 작업조를 A, B로 나누어 놓고 능력껏 하라고만 하고 생산 목표는 주지 말라고 권유했다. 그랬더니 한 달도 못 되어 대성공을 거두었다.

성공의 비결을 분석해 보면 첫째 직접적인 간섭, 가령 작업을 감독하는 사람이 일일이 지시·교정·독려를 한다든지 하는 일을 없애는 데 있었고, 간접적으로는 목표량을 임의로 해보라고 하여 독자적인 작업을 가능케 했다는 데 있었다.

지나친 간섭을 거리낌없이 하면 도리어 효과가 없음을 단적으로 증명해 준 일이다.

제6장

친근감을 주는 비결

*01

질문을 많이 받는다

질문은 문제의 핵심을 파악하는 데 결정적인 기능을 하는 것이며, 인간 관계에 있어서도 주요한 역할을 한다.

'대화의 시작은 4분 내에 질문을 하고, 질문을 받으라'

이것은 대화의 기술을 익히는 데 있어 아주 중요하다.

요즘에는 대화의 방식에 의한 수업이 환영받고 있다.

교실뿐만 아니라 강연의 경우에도 이 질의응답 방식을 채용하는 경우가 많아졌다.

질문에 적절히 대답할 수 있는 실력을 가지고 있다면 일방적으로 이야기하는 것보다 훨씬 효과적이다. 그러나 말하는 사람의 실력이 이를 감당할 수 없다면 그 자리는 묘한 분위기가 되어 버린다.

게다가 화자의 질문을 공격으로 받아들여, 감정적으로 반격을 가하는 사람도 생겨난다. 이렇게 되면 질문 방식이 도리어 트러블의 불씨가 된다.

그럼에도 불구하고 질문의 필요성을 강조하는 것은 많은 플러스 요인을 가지고 있기 때문이다.

말하는 사람도 질문을 받음으로써 문제점을 확인할 수 있고, 자기의 방식도 평가받을 수 있다.

상대가 질문해 주기를 기다리지 않고, 내 쪽에서 적극적으로 유도하는 경우도 있다.

"지금까지 이야기한 데 대해 의문은 없습니까?"

"이 점은 반대이다. 이 점에는 문제가 있다. 이 점에는 애매한 곳이 있다고 생각되는 것은 없습니까?"

이럴 때 특히 조심할 것은 질문하기 거북한 말은 피해야 한다는 점이다.

"아주 알기 쉽게 설명하려 했습니다만, 혹시 이해 못한 분은 안 계십니까?"

듣는 사람에게도 여러 가지 타입의 인간이 있다. 이에 따라 질문의 내용이 종류도 달리할 수밖에 없다.

열심히 이야기를 이해하려고 하는 사람이 있는가 하면, 야유 섞인 질문을 해서 말하는 사람을 골탕먹이려고 하는 사람도 있고, 알고 있으면서도 짓궂게 질문하는 사람도 있다. 말하는 사람의 능력을 시험해 보려는 것이다.

이러한 질문에 어떻게 대처해야 할 것인가?

이에 대한 마음가짐으로는 다음 네 가지가 있다.

⊙ 질문에 대해 강하게 반문하지 않는다

반문을 하면 다음 질문이 나올 수 없을 뿐만 아니라 질문자의 공격적인 반발을 이끌어 내게 되어 인간 관계마저 흐리게 할 위험성이 많기 때문이다.

⊙ 질문자를 나쁜 사람 취급하지 않는다

"그것은 아까 설명한 것입니다. 듣고 있지 않았다는 증거 아닙니까?"

"제대로 들었다면 그러한 질문은 나올 수 없습니다."

하고 질문자에게 면박을 주어서는 안 된다. 다른 사람에게도 강한 자극을 주기 때문이다.

⊙ 질의응답은 논쟁이 아니다

큰소리가 나오거나, 감정을 폭발시키지 않도록 해야 한다.

구차하게 자기 변호적 발언으로 일관하는 사람이 있는데 이런 태도도 좋지 않다.

질문자의 말을 솔직하고 겸허하게 들은 다음 냉정하게 답변하는 마음의 여유를 가져야 한다.

⊙ 예상하지 못한 질문이 나오면 부드러운 말투로 생각의 차이를 지적해 준다

자기 생각과 반대인 발언이 나오거나 예상하지 못한 질문이 나오면 누구를 막론하고 조금은 당황하는 법이다.

"그런 어림도 없는 소리를!"

"과장 클래스에서 그런 말이 나오다니……."

이런 투로 말하면서 당황하는 자기의 마음을 달래려는 사람이 있지만, 이것처럼 서툰 짓은 없다. 그보다는 다음처럼 말하는 것이 낫다.

"그런 견해도 있을 수 있겠습니다만……."

"그렇게 받아들이는 사람도 있겠습니다만, 이렇게 생각해 보면 어떻겠습니까?"

대개 여러 사람 앞에 서는 사람은 숙달되어 있다. 그래서 준비만 충분히 해 둔다면 파탄이 일어날 염려는 없다.

그러나 질문은 즉제 아닌가? 말하는 사람이 그것에 관해 얼마나 알고 있느냐 하는 것이 승패를 좌우한다.

말하는 사람의 능력은, 질문에 얼마만큼 정확하게 답변할 수 있느냐에 따라 결정된다. 이러한 의미에서 질문을 받는 일은 자기 성장을 위해서도 귀중한 자극이 되는 것이다.

*02

유명인과 닮았다며 칭찬한다

인물이 신통치 않은 사람에게 "영화배우 같은 얼굴입니다." 한다면 아첨이 될는지 모르지만 아름다운 여인에게 "백합같이 청초한 모습입니다." 라고 하면 열이면 열 모두 기뻐한다.

상대를 칭찬하라는 말은, 초면의 상대로 하여금 경계심을 풀도록 하여 대화의 목적을 얻게끔 꾀하라는 뜻이다.

이것을 '오픈 마인드(Open mind)'라고도 한다. 이른바 상대에게 적합하거나 우월한 사물을 비유하여 자기 만족의 심리를 자극하고 마음의 문을 열게 하는 테크닉을 가리킨다.

우리는 타인과 첫 대면을 할 때면 어디선가 그 사람을 본 듯한 기분에 사로잡힐 때가 있다. 심지어 어떤 영화 속에 주인공과 흡사하구나 하는 막연한 생각도 할 때가 있다. 이런 막연하면서도 친근감 있게 느껴지는 심리를 지적하여 칭찬하는 것이다.

세련된 상대에게는,

"아랑드롱의 매력이 철철 넘칩니다."

인상은 험악하지만 남성미 만점의 사내에게는,

"찰슨 브론슨의 정열을 지니고 계시는군요."

해본다.

또한 자기의 성공을 은근히 자랑하는 상대에게는 성공한 기업가를 비유해서,

"조슈아 씨도 선생님처럼 자수성가했다지요?"

"캐서린 씨는 머리가 굉장히 우수하다는데 선생님도 꼭 그분을 닮으셨나 봅니다."

등으로 추켜주면 누구든지 만족의 미소를 보일 것이다.

특히 열등감에 사로잡힌 사람이라면 친밀감을 두텁게 하기 위해서도 이 작전은 효과가 있다.

흔히 키가 작고 비대한 사람, 몸이 바싹 마른 사람같이 신체에 대해 열등감을 지니고 있는 사람에게,

"당신의 마른 체격을 보면 꼭 링컨 대통령을 연상케 됩니다."

"처칠 수상도 비대했다는데 당신도 유명한 정치가가 될 모양입니다."

라고 하면 자신의 신체 구조에 열등감을 가졌던 사람도 이상적인 인물을 상상하고 만족해한다.

토머스 홉스가 〈시민철학 요강〉에서,

"모든 마음의 기쁨과 만족은 남을 자기와 비교해서 자기를 높이 생각하는 우월감을 갖는 데서 기인한다."

고 지적했듯이 아무리 못난 상대라도 우월한 입장에 놓인 상대와 자기를 비교해서 칭찬해주면 호감을 갖게 된다.

마음을 흡족하게 하는 만족의 원인은 자기로부터 근원하는 것이 아니고 타인의 인정에서부터 비롯되는 것이다.

수재 청년이 있었다. 그는 공부도 잘하고 성격도 쾌활하여 그 청년이 다리를 저는 불구자라는 사실을 염두에 두는 사람이 없을 정도였다. 그러나 그 청년이 생활에 충실하고 명랑하게 된 계기는 따로 있었다.

오래 전부터 그는 심한 신체적 열등감에 사로잡혀 있었다. 명석한 두뇌에 비해 절름대는 자신의 다리를 생각할 때마다 비참한 감정에 젖기가 일쑤였고 이성(異性)을 마주하면 온몸이 움츠러들곤 했다.

그런데 하루는 그가 기쁨에 들뜬 표정으로 나를 찾아와 이렇게 외치는 것이 아닌가?

"선생님! 루스벨트도 절름발이였다구요?"

이 한마디에 담긴 환희가 그를 새롭게 변화시킨 원천이 된 것이다.

"천재 시인 바이런도 절름발이였는걸!"

그때 나는 이렇게 덧붙이는 것을 잊지 않았다.

*03

결점은 **구체적으로** 지적한다

"아무런 결점도 보이지 않는 사람은 바보 아니면 위선자이다."

H. 쥬벨이 〈팡세〉에서 이렇게 말한 바 있듯이 인간에게는 결점이 없을 수 없다.

결점이란 자기의 눈에는 쉽사리 보이지 않는다. 그러므로 상대가 자기의 결점을 지적하게 되면 한편으로는 불쾌하고 모욕감을 느끼면서도 어쩔 수 없이 약해지게 마련이다. 하물며 자기의 결점을 노출시켜 약점을 잡히려는 사람은 없다.

그러나 결점을 보이지 않으려는 마음가짐이 때로는 다른 사람에게 경원시되는 경우도 있다. 결점이 없는 인간이란 무미건조한 인간일 뿐더러 사실상 결점을 지니지 않은 인간이란 없는 노릇이니 결국 위선자의 너울을 쓰게 되는 것이다.

트로이 전쟁의 영웅인 용장 아킬레스도 전쟁에는 전능했으나 그의 단하나 약점인 아킬레스건 때문에 죽고야 말았다. 흔히 약점 없는 인간이 없다는 말을 거론할 때 아킬레스건을 말하는 것도, 인간은 결점이 없을 수 없다는 논리에서이다.

그러므로 사람을 잘 다룰 줄 아는 사람은 상대의 인간적 결함을 정확히 파악할 줄 알며 그 결함을 지적함으로써 상대를 자기 의도에 좌우되게 만드는 것이다.

범죄자 중에서 공범의 혐의를 받는 자의 대부분이 술회하듯, 초범을 저질렀을 경우에는 동조자들과 대등한 입장에 있었는데 다시 재범, 그 중에서도 공범의 입장에 놓이면 주범에게 심리적으로 이끌린다고 한다. 초범의 경우에는 홀가분한 기분으로 범행을 하지만 또다시 범죄를 공모할 때는, 이미 전과의 낙인이 약점이 되어 어쩔 수 없이 끌려 들어가고 만다는 것이다.

그러므로 상대의 약점이 무엇인가를 먼저 알아야 한다.

매월 '언어 교양대학'의 강좌를 몇 년 동안 이끌어오던 나는 퍽 많은 경험을 했다. 작가, 학자 등 까다로운 상대에게 간혹 뒤통수를 얻어맞을 경우가 있었던 것이다.

한 작가는 문단의 중견이요 대학의 교수인 이름 있는 사람이었다. 그런데 그는 쓸데없는 이유를 달아서 결코 이해할 수 없는 행동을 하는 경우가 있었다.

내가 그에게 강의 의뢰를 하면 약속은 잘 한다. 그러나 무슨 영문인지 정작 강의가 시작될 순간에 겨우 도착하는 결례를 저지르곤 해서 두 번씩이나 강의에 구멍을 뚫어놓고 말았다.

나는 점잖게 그에게 충고하기로 마음먹고 그의 약점을 포착하여 결례의 보상을 받아내기로 했다. 그의 약점은 젊은 여성들의 인기에 유독 집착하는 점이었다. 그래서 어느 날 나는 그에게 전화로,

"선생님의 강의를 듣기로 했던 젊은 여성들이 모두 선생님이 지은 책을
불사르기로 했답니다."

라는 자극적인 이야기를 직언하고 말았다.

*04
확고한 신념을 보인다

인간의 마음이란 때로 불안정한 충동에 의해서 좌우된다. 일을 해보고 싶은 것도 충동이고 도중에 포기하고 싶은 것도 충동이다.

이러한 충동은 극히 순간적으로 일어나는 것이긴 하지만 가끔 비약의 계기가 되기도 한다.

인간 관계를 연구하는 전문가들 사이에서는 이러한 충동적 용기를 신비스러운 힘으로 보는 사람까지 있다. 조직적인 두뇌 활동의 유기적인 힘으로 생각하기 때문이다.

그러나 이런 경우의 충동이란, 자기 자신의 능력을 계발할 수 있는 잠재적 힘을 지닌 충동을 말한다. 현재의 수준에 만족치 않고 계속 활동 영역을 확대시키기 위해서는 이 충동적 의지를 효과적으로 이용할 줄 아는 지혜가 필요하다.

여기에서 자기에게 유리한 충동적 의지란 신념을 말한다. 신념이란 자기의 주관이나 목적을 달성하고자 하는 근본이므로 순간순간 번득이는 충동에서 신념을 갖는 것이 중요하다.

상대의 호감을 얻는 방법의 하나는, 우선 내가 건실하게 보이며 강한 신념 속에 불타고 있다는 사실을 상대가 인정하도록 하는 일이다. 신념이 있는 사람의 눈빛은 상대를 매료시키는 힘을 지니고 있다. 신념의 의지를 굳힌 상대와 대면한다는 것은 기쁜 일이다.

엘바 섬을 탈출하여 조국 프랑스의 영광을 되찾자고 호소하던 나폴레옹을 보고 그의 옛 부하들은 한결같이 재도전의 용기를 얻었다. 나폴레옹의 신념에 차 있는 눈빛에서 승리할 수 있다는 확신을 얻었기 때문이다. 신념의 신뢰는 그 밑바탕에 강한 힘을 동반하므로 대단히 중요하다고 할 수 있다.

성공적인 인생은 바로 신념의 여부에 의해서 가름될 정도이다. 그러므로 확고부동한 신념을 지녔다는 것은 큰 힘이 된다.

신념을 얻을 수 있는 길은 자기를 중시하는 사상에서부터 비롯된다. 사람은 긍지를 갖게 되면 자기 스스로 다른 사람에게 중요한 사람이라는 것을 느끼게 된다. 결코 자만과 오만이 아니고 '나는 꼭 필요한 사람이다.'라는 자기 중시의 감정이 타인의 협조와 신뢰를 얻게 한다.

광고 디자이너들은 스폰서의 의뢰를 받아 작품의 제작을 끝낸 후에는 심각한 불안감에 싸이게 된다고 한다. 자신의 디자인이 얼마만큼 광고 효과를 거둘 수 있는가 하는 불안감보다는, 스폰서가 어느 정도 자기의 작품을 신뢰하는가가 더 초조하다는 것이다.

그러나 이런 경우에 놓이게 된다면 자신의 의사를 관철시키려고 초조해 할 것이 아니라 성공할 수 있다는 자신감이 있음을 먼저 말해야 한다. 전문가의 신념에 넘친 제의에 스폰서는 신뢰하고 싶은 의욕을 일으킨다. 얼마만큼 타인의 호감과 도움을 받을 수 있는가는 결국 자신의 신념도에 따라 달라진다.

항상 안정되어 있지 못한 정신적인 변화를 적절히 조화시켜, 순간적으로 떠오르는 신념의 의지를 자기 것으로 해야 한다.

신념은 곧 하고자 하는 충동적 의지가 자기 것으로 고착된 상태를 말하기 때문이다.

*05

잘 들어준다

"모든 사람에게 너의 귀를 주어라. 그러나 너의 목소리는 몇 사람에게만 주어라."

셰익스피어가 이렇게 말한 것처럼 세련된 화법은 듣는 것에서부터 출발한다.

인간은 선천적으로 이야기하기를 즐긴다. 이와 반대로 듣기에는 그렇게 관심이 있는 편이 아니다.

미네아폴리스의 한 성인학교에서는 스피치 코스와 듣기 코스를 개설하여 5년 동안 성인들의 관심도를 측정했다. 그 결과 스피치 코스에는 언제나 만원이었으나 듣기 코스에는 단 두 사람의 희망자밖에 없었다.

이것은 인간이란 이야기를 함으로써 상대의 협조와 동의를 구하려고 할뿐, 듣는 것으로 상대를 만족시킬 수 있다는 데까지는 생각을 못한다는 것을 단적으로 말해준다.

대화의 목적은 이해시키고자 하는 인간의 속성을 만족시키는 수단인 것이다.

일찍부터 기독교에서 행해온 참회도 이와 같은 인간의 심리를 자극한 것으로서 참회를 통해 말하는 욕구를 충족시키는 방법이다.

정신분석학자 프로이드도 이 참회를 과학적으로 분석하여,

"인간은 감정이나 혼란한 경험을 배출시키기 위해서 말하는 것의 중요성을 인식했다."

고 하여 병적인 인간 심리의 돌파구로서 말하는 정신 치료 요법을 창안하기로 했다.

그러므로 말하고자 하는 인간의 속성을 만족시키면 그의 호감을 얻기가 쉽다. 만족시키는 방법으로서는 듣기가 가장 중요하다.

누구든지 듣기를 별로 좋아하지 않는다는 것은, 한편 상대의 이야기가 흥미롭지 못한 데에도 이유가 있겠지만, 듣는다는 것은 자기를 수동적인 입장에 놓이게 한다는 기분이 들어 싫어하는 것이다.

그러나 듣는 일은 매우 중요하다. 사람은 타인에게 가장 호감을 느낄 때가 자기의 이야기를 들어줄 때라고 한다. 이 원칙에 충실하면 듣는 이가 말하는 사람 이상으로 이득을 얻을 수 있다.

설득의 명수 소크라테스도 아테네의 청년들에게,

"먼저 자네들이 말해 보게. 그것으로 나는 판단할 테니까."

라고 제의했다고 한다.

좀체로 노사 분규가 일어나지 않기로 유명한 회사가 있었다. 그 회사는 그 계통의 회사들에게는 선망의 대상이었다. 대표이사의 설득 솜씨가 뛰어나다는 것이 중론이었다.

그는 임금 문제나 처우에 관해서 사원들이 농성을 벌이면 주모자급 한 두 명을 자기 방으로 부른다.

그런 다음 그들의 요구 조건을 경청한다. 경청하는 태도가 무척 진지하고 호감을 주기 때문에 사원 대표들은 격했던 감정을 어느 사이 삭여버리고 조그만 소리로 자기들의 주장을 말한다.

그러나 주장을 말한다고는 해도 강력한 어투는 결코 아니고 강요의 의미도 크지 않은 그런 식이다.

어떠한 형태의 논쟁이라도 상대의 입에 시선을 모으고 귀를 기울일 줄 아는 사람은 말하는 사람 이상의 것을 얻을 수 있다는 좋은 이야기이다.

*06

심리를 파악한다

아무리 까다로운 대면이더라도 심리 상태를 정확하게 파악한다면 기적을 일으킬 수 있다. 록펠러는,

"누군가 내 의견에 반대했을 때에는 우선 감정적인 반대인지, 이성적인 반대인지를 간파하는 것이 중요하다."

고 말하고 있다.

상대의 심리, 반대 원인 등을 간파하지 못하면 설득으로는 영원히 해결해낼 수 없을 것이다. 감정적으로 반감을 가지고 있는 상대에게 논리적으로 설득을 되풀이한다는 것은 시간의 손실만을 의미한다. 감정적인 설득이 뒤따라야 상대는 마음을 열어놓을 수 있다.

어떤 칵테일 바의 여주인은 50고개를 바라보는 초로의 얼굴인데도 단골 손님이 끊이지를 않는다.

그녀의 비결은 손님의 심리를 정확히 살펴 응대하는 것이다.

상대가 쾌활할 때는 같이 떠들어주고, 우울해서 말없이 술잔만을 기울이고 있을 때는 조용한 격려의 말을 잊지 않는다. 손님의 호칭도 '선생님' '씨' 때에 따라시는 간단한 경칭도 사용한다.

이렇게 해서 손님들은 그녀를 신뢰하게 되고 때로는 한 가족 같은 기분에 젖기도 한다.

성공자들의 말을 들어보면 사람들의 감정의 섬세한 부분까지 살필 줄 알았기 때문에 성공할 수 있었다고 말한다.

학벌도 신통치 않고 미모도 빼어나지 않은 여성이 입사 시험을 치르게 되었다. 마침 어떤 회사에서 비서직을 한 자리 비워두고 공개 채용하기로 했는데 그녀는 다행히도 필기 시험에 합격하여 면접 시험을 받게 되었다.

면접은 의외로 세밀하여 그녀는 자신을 잃어가고 있었으나 면접을 보는 비서실장의 옷차림새를 보고 퍼뜩 느껴지는 것이 있었다. 그녀는 자기 소개를 하라는 소리에.

"저는 성격이 깔끔한 편이라 사무실에 먼지 하나라도 날아다니지 않게 할 생각입니다. 보시다시피 학벌과 기타 여러 가지 면에서 부족한 점은 많습니다만, 부지런하다는 장점을 지니고 있습니다."

라고 말했다. 그녀는 비서실장의 옷매무새가 보통 이상으로 세련되었고 깔끔한 성격이라는 것을 직감적으로 느끼고 그렇게 소개를 했던 것이다.

그녀를 채용키로 결정한 실장도 그녀의 자기 소개서에서 깔끔한 성격을 엿보아 결정을 내린 것이었다.

상대의 심리를 파악하여 자기를 인상지어준 좋은 예라고 할 수 있다. 상대의 호감을 얻기 위해서는 상대의 심리 파악으로부터 시작해야 한다는 것은 상식적인 일이다.

*07
욕이 튀어나왔다면 아예 계속 퍼붓는다

때로는 자신도 모르게, "이 바보 천치 같은 놈아!" "에이 나쁜 놈!" 등으로 순간적인 감정에 치우친 욕이 나올 경우가 비일비재하다.

이런 때는 상대가 당연히 화를 내게 될 것이며 이것이 더욱 발전하여 대화의 단절을 초래하게 될지도 모른다.

그러므로 부지불식간에 흘러나온 욕설의 여파를 수습하는 재치가 필요하다.

대부분의 사람들은 흔히 이런 묘한 순간의 처세에 서툴러서 당황하고 미안해 어쩔 줄을 모르게 되는데 이런 경우의 효과적인 수습책이 있다. 즉 똑같은 표정으로 욕설, 또는 행패를 계속해 보는 것이다.

사람들은 순조로움의 타성에 젖어 있어 상대가 욕이나 행패를 계속하면 자기도 어느새 그 타성에 휩싸이고 만다.

오히려 상대의 욕설이나 행패가 계속되면 최초의 유감이 서서히 누그러지고 일종의 호기심에서 애교로 받아들여 준다.

심리학에 이런 것이 있다.

어떤 주제를 주지시키기 위해서는 처음에 그 주제를 말한 다음에 그 주제와 엇비슷한 제2의 주제를 계속 준다. 그런데 그런 순서로 계속해 나가면 제일 먼저 설명한 주제는 망각하고 만다.

이것은 동일 계통의 내용을 계속 말하면 점차 앞서 이야기한 부분에는 신경을 덜 쓰는 반면 전반적인 이야기의 흐름 속으로 빠져들고 만다는 말이다. 이것을 '역행 억제' 의 실험이라고 한다.

욕이 처음 튀어나왔을 때, 잠시 주춤한다거나 머뭇대다 다른 화제로 이야기의 전개를 꾀한다면 상대는 한마디의 욕일지라도 기억하는 심도가 매우 깊은 반면, 앞서 한 욕과 동일한 욕설을 계속 퍼붓게 되면 상대는 욕설에 동화되어 감정이 상하지 않는다는 것이다.

한편으로 습관적인 욕이나 무의식적인 욕은 서로의 정을 확인시켜 주고 자랑스러움을 더해 주는 경우도 있다.

친구들과 대화를 할 때,

"야 이놈아!"

"머저리 같은 녀석!"

"그 녀석은 참 웃겨."

등의 욕은 예삿일이다. 이런 경우는 친구들 사이의 의례적인 인사치레로 받아들여지는 욕으로서 오히려 친구들 사이의 돈독한 우정을 확인시켜 주는 역할도 한다.

이렇게 볼 때 순간적인 감정으로 욕이 나왔을 경우 짐짓 미안한 표정으로 자신의 대화를 전개시킬 것이 아니라 연발의 기지를 살림으로써 상대가 애교로 받아들이게 할 일이다.

*08
감각적인 언어를 사용한다

라디오의 심야 방송에는 젊은이들을 대상으로 한 음악 프로가 있어 열광적인 팬들을 가지고 있다. 그 열광의 뒤에는 몇몇 인기 DJ의 유창한 말재주의 영향이 지대하다. DJ란 대본대로 방송에 임하는 것이 아니고 그들스스로가 수집한 화제를 가지고 적당히 윤색하여 자유롭게 이야기하는것이므로 듣는 쪽의 입장을 충분히 고려한 방향으로 진행된다. 이것이 부담 없이 듣고자 하는 젊은 층들에게 크게 어필하는 것이다.

대화의 묘미란 자신의 감각을 상대의 감각에 접촉시켜 전달하는 데 있다. 감각이 예민한 젊은 층의 사람들이 감각을 자극시키는 감각어에 약하듯 감각어를 적절히 구사할 줄 아는 사람은 대화에 성공할 수 있다.

감각어는 지적인 호소보다는 감정의 심리를 자극하는 말이다.

다정한 연인 관계에 있는 사이라면 한마디 한마디의 말에 사랑스런 정이 가득 담겨 있어야 할 것이다. 그런데,

"야, 우리 놀러 갈까? 아무 데로나 말야."

"오늘 극장에나 가지. 프로가 재미있대."

이같이 상투적인 선동의 말이라면 어떤 상대라도 정이 슬그머니 사라질 것이다.

좀더 감각적인 면을 고려하여,

"오늘 날씨는 아주 싱그럽군. 대지의 만물도 신선하고 생기에 차 있어. 어때. 우리 오늘 신선한 숲의 내음이나 맡아 볼까? 시원스런 물소리를 들어도 좋고."

"나는 요즘 갑자기 우아한 분위기에 사로잡히고 싶어. 꿈속의 궁전에 사는 왕자처럼 행복한 분위기에 말야. 화이트 극장의 '베토벤'이 아주 멋진 영화래. 나의 꿈을 꼭 같이 그려내듯이……."

하면 상대도 이쪽의 무드에 그대로 젖어들고 만다.

감각이란 인간이면 누구나에게 있는 것. 단단한 것보다는 부드러운 것, 차가운 것보다는 따뜻한 것을 찾으려 하고 무미건조한 말보다는 감각을 자극하는 정감적인 말을 인간은 즐기려 한다. 지적인 것보다는 감정이 앞서는 것이 인간의 속성이다. 상대를 보다 친밀한 관계로 이끌기 위해서 감각어를 활용하면 대단한 효과가 있다.

위대한 종교 개혁 운동가 마틴 루터가 젊은 시절, 가난한 친구들을 위해 이 집 저 집 빵 조각을 구걸하러 다녔다.

루터는 그때 아주 훌륭한 음성을 지니고 있었으므로 여러 집에서 좋은 대접을 받았다. 어느 날 어떤 집에 다다랐다. 그 집의 주부는 루터의 음성에 이미 감탄해 있었던 터라 그에게 식사를 제공하고 많은 지원을 약속해 주었다.

루터는 훌륭한 목소리 하나로 사람들의 사랑을 받게 되었고 그후 종교 개혁의 횃불을 들 수 있는 학업을 계속할 수가 있었다.

루터의 이 일화는, 감각에 호소하는 것이 친밀감을 증대시키는 데 가장 큰 작용을 한다는 사실을 잘 밝혀 주고 있다.

*09

상대의 말에 수긍한다

상대에게 나의 말을 거절하지 못하도록 해야 할 경우가 있다.

이런 경우에는 우선 상대에게 나의 의사를 바르게 전달해야 하고 감동하도록 만들어야 한다.

보편적으로 상대를 동의시키려면 논리적으로 설득하는 방법과 심리적으로 동의시키는 방법이 있다.

그러나 논리적인 방법은 한계가 있다.

상대가 나의 논리에 수긍하지 않거나 나의 논리적 설명이 미흡할 경우에는 동의를 얻을 수 있는 가능성이 전혀 없기 때문이다.

심리학적인 방법을 이용하는 경우라면 상대의 심리를 읽어야 하는데 여기에서는 먼저 상대의 의견에 동의해야 한다.

심리학상으로는 이것을 '용인'이라고 하며 치료 면접의 대표적인 방법으로 '비지시적 방법'의 기본이 되는 요령이다.

다시 말하면 상대의 주장이나 감정, 혹은 태도, 언어 등이 비논리적이고 도덕 기준에 어긋난다고 해도 일단은 전부 받아들인다라는 것이다.

어떠한 사람이라도 자기가 높이 평가받고 있다는 사실을 인식하게 되면 나의 말에도 관용을 베풀게 되고 동의도 쉽게 해주게 된다.

이러한 방법은 심리 카운셀링에도 상당히 응용되고 있으며 세일즈 계통에서도 활발히 응용되고 있다.

또 고객을 직접 면대하는 업무를 주로 하는 직장에서는 사원에게 고객의 말에 적절히 응대하기 위한 교육을 실시하고 있는데 여기서도 "우선 고객의 말에 동의하라."고 강조하고 있다.

그러나 상대에게 동의한다는 것이 결과적으로 상대의 말에 전적으로 동의한다는 뜻은 아니다.

〈상대에게 동의해주어 상대도 나에게 동의하도록 만든다.〉

이것은 결과적으로 상대를 나의 의도로 끌어온다는 말이기 때문에 설득을 성공으로 이끌 수 있다.

유능한 카운셀러는 상담자와 마주했을 때 절대로 자기의 견해를 처음부터 주장하지 않는다. 처음에는 상담자의 말을 경청하고 상담자의 생각에 수긍을 한다. 상담자가 마음놓고 자기의 의사를 말하게 만드는 것이다.

이렇게 하여 서로의 마음을 연결시켜 놓은 카운셀러는 은연중에 상담자의 말을 존중하는 태도를 벗어나지 않는 인상을 주면서 자신의 견해에 상대가 고개를 끄덕이게 만든다. 상대의 마음 깊숙한 곳까지 끈질기게 알아내는 인내를 가지고 침착하게 상담을 이끌어 가는 카운셀러가 진정 유능한 카운셀러인 것이다.

루스벨트가 뉴욕 주지사로 있을 때의 일이다. 그는 정치계의 거물들을 초청하여 주(州) 정부의 요직 개편에 대한 협조를 요청했다. 그들에게 요구한 것은 요직에 앉을 인사의 천거였는데, 루스벨트는 자기 심중에 떠오른 인물이 그들의 천거와 일치되도록 대화를 이끌어 마침내 그들의 입에서 그 인물이 천거되어 나오도록 했다. 루스벨트는 인사 천거의 공을 그들에게 돌렸다. 그리고 그는 곧 자기가 계획했던 정치적 대개혁을 단행한다고 발표하여 자신이 그들의 천거에 동의해준 대가를 요구했고 곧 절대적인 동의를 얻게 되었다.

*10

때론 **악의 없는 거짓말도** 하라

첫 대면의 경우에는 내게 쏟아지는 상대의 시선을 어떻게 호의적으로 만들 수 있을까 하는 것이 큰 관심사이다. 첫인상이 호의적이면 대화의 성공은 약속받은 것이나 다름없다.

여기에서 말하는 거짓말이란 위트와 유머를 포함하는 것으로 첫 대면의 긴장을 풀어주고 친밀감을 일으키는 작전이다.

오스카 와일드는 말했다.

"거짓말쟁이의 목표는 단순히 기뻐하는 것이며, 기쁨을 주는 것이다."

상대가 친한 사람일 경우에는 손쉽고 재미있는 거짓말을 한 경험이 누구에게나 있다.

만우절 날에는 누구나 속여서 즐겁고, 속아서 재미있는 거짓말을 생각해내려고 바빠진다. 직장의 동료들, 가족들에게 알맞은 거짓말을 꾸며대느라고 바쁘다.

그러나 누구 하나 속아서 기분 나빠하는 사람은 없다. 한마디 거짓말로 결혼의 꿈에 부푸는 노처녀도 있고, 승진의 좁은 문을 비집고 들어서는 공상에 행복해하는 만년 샐러리맨도 있다. 악의 없는 속임수는 보다 긴밀한 인간 관계를 도모해 준다.

실적만을 부르짖어온 어떤 사장이 그 전날 야근하는 직원들 앞에서 또다시 실적을 부르짖고 퇴근했다.

그 다음날 잔뜩 긴장한 채 들어선 사장 앞에 보이는 것은 모두 미결 상태뿐. 직감적으로 자기의 명령이 실천되지 않은 것을 안 사장은 노발대발 언성을 높였다.

그런데도 직원들의 표정은 무사태평이었다. 사장의 꾸짖음을 개의치 않는 태연한 모습이었다. 궁금하고 이상스레 바라다보는 사장 앞에 어느 직원이 서류 뭉치를 가져왔다. 그것은 실적의 서류 뭉치였다.

사장은 잠시나마 기만당했었다는 불쾌감보다 부하 직원들의 애교 있는 속임수가 재미있어 그날 저녁 술좌석을 푸짐하게 베풀었다.

이것은 딴 세계에서 일어난 일이 아니다. 악의 없는 속임수는 이밖에도 우리 주변에 수없이 일어난다.

따라서 첫 대면에 어색함을 모면하는 데도 약간의 속임수는 도움을 줄 수 있다.

"어디서 많이 뵌 분 같은데요? 저 혹시……."

이런 말을 들으면 누구든지 그 다음 말에 열쇠가 있다는 것을 알고 기대한다. 그럴 때,

"아닙니다. 제가 잘못 보았군요."

하면 그것도 작은 속임수가 되어 상대의 긴장감을 풀어준다.

제7장

휘어잡음의 비결

*01

단순·유창하게 말한다

말이란 '양날의 칼'이란 표현처럼 일종의 제한성이 있는 대신 무제한적으로 악용될 수 있는 것이다.

효과적으로 의사 전달을 가능케 하는 중간 매체로서의 역할도 하고, 또한 상대의 판단을 이끌어내는 역할도 하기 때문이다.

단순하고 명쾌하게 하는 말은 우선 막힘이 없으므로 논리 구성상 정확하고 진실되게 보인다. 논리의 구성이란 앞뒤가 막히지 않고 상이하지 않다는 뜻인 바, 순조롭고 속도 있게 이야기하면 그러한 조건들이 만족되므로 상대는 착각을 일으킨다.

따라서 단순·명쾌한 말에는 모순이 많이 숨어 있을 수가 있다.

말 잘 하기로 소문난 프랑스 사람들을 두고 고골리는,

"경묘(輕妙)한 종답을 번득여 안개처럼 골치 아픈 것을 사라지게 하는 것은 프랑스 사람들의 말이지만 그것은 다만 허무를 가져올 뿐이다."

라고 혹평했다.

고골리의 말에서도 엿볼 수 있지만 단순한 듯 보이는 말, 내용에 다른 밑바탕이 없는 듯한 말이 더욱 의미 심장한 것이지 쾌활하게 내뱉는 말이 즐거운 것은 아니라는 사실을 알 수 있다.

그러므로 상대의 판단을 빗나가게 유도하려면 그럴듯한 논리를 내세워 재빠르게 말하면 된다.

정치가들의 연설 중에서 고도의 재치가 필요한 것은 사건을 설명할 때이다. 어떤 정치가라도 상대의 추궁이 있을 것이라고 짐작되면 그럴듯한 논리를 세워 공박받지 않고자 획책한다. 따라서 문제를 놓고 '첫째' '둘째' '셋째' 하는 요점식 연설을 한다. 실제로 문제의 핵심이 누락되었다고 해도 상대는 '첫째' '둘째' 하는 나열의 함정에 빠져버리고 말아 공박할 수가 없게 되는 것이다.

그리고 질문을 받게 되면,

"네. 우선 그 문제에 대한 답변을 드리기 전에……."

하고서 재빨리 다른 화제를 둘러댄다. 정치가의 기본 조건 중에서도 가장 중요한 것은 단순하면서도 논리적인 위장을 잘하는 솜씨라 하겠다.

*02

뚜렷한 이미지를 제시해준다

두 개의 성질을 뒤섞어 이야기하면 상대는 어디가 머리이고 어디가 꼬리인지 모르게 된다.

선악의 개념을 지닌 어떤 사물에 관해서 한쪽으로는 긍정하고, 또 한쪽으로는 부정을 하게 되면 긍정도 아닌 모호한 해석이 나오게 된다.

리콴유가 싱가포르 수상으로 있던 시절 그곳에 다녀온 사람들은 그에 대한 국민들의 평에 대해 어리둥절하다고 했다.

동남아 국가 중에서 가장 잘사는 나라의 하나요 국민 소득 2천 달러를 상회하는 풍족한 국가의 국민으로서 수상의 치적을 높이 사면서도, 역시 동남아 국가 중 가장 독재적인 정치를 하는 그를 비판하는 모습도 볼 수 있었기 때문이다.

싱가포르 사람들의 말을 듣다 보면 리콴유 수상이 정말 국민들에게 지탄을 받는 인물인지 아니면 환영을 받는 인물인지 전혀 짐작이 가지 않는다고 했다.

이렇게 양면의 사실을 나열하면 하나의 독립된 판단을 얻어내기가 힘들다.

위대한 정치적 수완을 지닌 반면 독재적인 카리스마의 얼굴을 한 그를 정확히 평가하고 있지 못하다는 말밖에는 안 된다.

이와 같은 예로서는 독일의 독재자 히틀러도 좋은 예이다.

세계대전이 종식된 지 40년이 지났고 통일이 되었어도 오늘 독일의 일부 청년들 사이에서는 히틀러 시대의 '나치즘'을 향수하는 집단이 서서히 고개를 들고 있다고 한다.

일부 국민들까지도 독일 제국의 영광을 그리워한 나머지 히틀러의 유물이 경매 붐을 이루게 되었고 그의 자전적 수기인 〈나의 투쟁〉이 재발간 되는가 하면 전 유럽이 '히틀러 웨이브'에 휩쓸려 히틀러의 물결이 새로 등장했다는 충격적인 뉴스가 전해진다.

이와 같은 역사의 유전은, 하나의 사물을 양면에서 고찰하면 독립된 판단을 잃게 되고 선악의 개념이 모호해지는 데서 나온 것이다.

독재자 히틀러를 증오하는 마음 한구석에, 강력한 통치력과 우상적인 영웅주의의 그림자가 덮침으로써 히틀러의 평가가 초점을 잃어버리고 만 것이다.

그러므로 대화에 있어서도 상대에게 하나의 뚜렷한 이미지를 연상시켜주지 않으면 상대는 통일된 개념을 갖지 못하므로 판단을 내리지 못한다.

한 교육학 교수가 어느 날 학생들로부터 곤란한 질문을 받았다.

"미국식 교육이란 무엇을 말하는 것입니까?"

"그것은 미국인의 실정에 알맞은 교육을 가리키는 말이지."

교수는 엉겁결에 이렇게 대답하고 말았으나 사실 '미국인의 실정'이라는 말은 모호하기 이를 데 없는 말이었다.

　따라서 학생들의 추궁이 없을 수 없었다.

　"미국인의 실정이란 무엇을 말함인가요?"

　여기에서 교수는 정말 당황한 듯 잠시 대답을 망설이다가,

　"교육이 현실화되어야 한다고 생각할 때 우리의 풍토에 맞는 교육을 하자는 말이겠지."

　라고 말하고 말았다.

　학생들은 그저 막연한 개념만을 되풀이하는 교수의 대답에 판단을 못하고 말았다.

*03
상대가 **목적하는 바 이상**의 것을 말한다

일단 상대가 어떤 목적물의 기준을 나름대로 짐작 · 추정하고 질문했을 때에는 그가 내놓은 질문과 주장 이상의 것을 강하게 말하여 경솔한 행동을 하지 못하도록 해야 한다. 상대로서는 자기의 지적이 대단한 것이어서 내 쪽에서 충격을 받을 줄 알았다가 도리어 한 계단 높은 응수를 받게 되면 어찌할 바를 모르게 된다.

여자 관계가 많기로 소문난 정치가가 있어, 어느 날 여성 단체의 대표로부터 집중 공격을 받았다.

"선생, 한 나라의 정치를 좌지우지하는 당신이 그래 두 사람의 여자를 거느리고 있다니 그게 말이나 됩니까?"

그러나 정치가는 유연한 태도로,

"둘이라뇨? 내가 지금 보살피고 있는 여자는 다섯 명이오, 다섯 명."

하는 것이었다. 여성 대표는 그만 기가 찰 수밖에.

그러나 정치가는 다시 그 다섯 명의 여성과는 젊어서 한때 기분으로 관계했었으나 이제는 경제적인 도움만을 주고 있을 뿐이라는 이야기를 들려주었다.

그는 여성 대표를 먼저 경악케 한 후 회유했던 것이다.

2차대전 후의 대공황 때 법왕이라고 불리우던 한 노조 대표가 어느 날 '전국 노동자협회'의 최 첨병이었던 철강 노조에서 "노조 간부는 사표를 써라."고 몰아세우자,

"무슨 일이야? 그래, 너희들은 미국의 노동조합이 우익이고 돼먹지 않았다고 불평하지만 그들은 일단 파업을 했다 하면 용광로의 불을 끌 정도로 대단한 힘을 발휘하는데 너희는 겨우 이거냐?"

하는 것이었다. 그의 꾸중에 불평분자들은 고개를 떨구고 말았다.

상대를 제압할 수 있는 대화를 하려면 이렇게 상대의 목적을 알아야 하며, 자기의 목적과 부합시켜 보기도 해야 하고, 양자를 조절하기도 해야 할 것이다. 그러나 상대의 판단을 그르치게 하려면 상대가 목적하는 것 이상의 대답을 해 주면 반박을 잠재울 수 있다.

어떤 여자가 추근덕거리며 따라다니는 남자로부터 프로포즈를 받자,

"좋아요, 그럼 내일 식을 올리도록 하자구요. 식장은 다니엘 교회로 하죠. 나는 그 교회 목사님과는 아주 잘 아는 사이거든요."

라고 대담하게 응수하여 남자가 그만 기겁을 하였다.

이와 같이 상대가 목적하는 바의 이상을 말해주면 상대는 어리둥절해한다. 뿐만 아니라 내가 이끄는 대로 딸려오고 만다.

어떤 사람이 친구에게 돈을 빌리려고 쫓아갔다.

"자네 돈 좀 있나?"

"얼마나 필요한가?"

친구는 정중한 대답으로 그의 부탁에 응하는 시늉을 했다.

"한 5만 달러가 필요한데."

그러자 친구는,

"글쎄 10만 달러 정도라면 내가 며칠 융통시킬 수 있지만 그것을 5만 달러씩 쪼개서 빌려줄 수는 없겠는걸."

상대는 이 말을 어떻게 판단해야 좋을지 몰라 그만 돌아서 버리고 말았다.

좋은 선입관을 심어준다

우리는 사물을 대할 때 "A는 A이다." "B는 B이다." 식으로 단정적인 판단을 내린다.

단정적인 판단을 내릴 수 있다 함은 이미 선입관이 작용했다는 것을 말한다.

판단을 내리는 데 선입관이 미치는 영향은 크다. 신문기자들이 특히 이런 형태의 판단 착오를 잘 일으킨다.

정치부 기자들 중에는 베테랑으로 알려진 기자라도 의원들의 발언을 모두 한 카테고리 속에 담아서 결론짓는 사람이 많다.

심리학에서 개의 습관적 행위를 실험하는 전기 쇼크의 예도 이런 경우와 같다.

습관적인 행위란 바로 선입관이 작용하고 있는 행위이기 때문이다.

따라서 대화가 시작되었을 때 선입관을 상대에게 주입시켜 놓으면 판단을 빗나가게 유도할 수 있다.

가령 어린아이에게 아주 신 사과를 먹게 한 뒤 그 다음에는 달고 맛있는 사과를 주어 본다. 어린아이는 사과라는 것만 보고도 고개를 돌릴 것이다.

이런 습관적 선입관의 작용을 상술에 악용하는 악덕업자도 있다. 일단 어느 상품을 톱 클래스의 상품으로 만들어 놓아 사람들의 기호를 만족시킨 다음, 점차적으로 질을 떨어뜨리는 것이다.

그런데도 사람들은 최초의 선입관이 있으므로 아량과 무관심으로 그런 폐단을 꼬집지 않고 지나간다.

이와 똑같이 대화에 있어서도 일단 상대에게 '좋다.'라는 감정의 상태를 만드는 데 성공하면 내가 어떠한 불쾌한 이야기를 해도 그는 절대적으로 '좋다.'는 감정으로 받아들인다.

카네기는 직원을 전임시키거나 좌천시킬 때 그럴 듯하면서도 유명무실한 직함을 주어 처리했다.

그는 항상,

"우리 회사에서 자리 이동이 있을 때는 늘 그것은 영전으로 알라."

는 말을 공언했고 실상 대부분이 그의 말과 일치했다.

그러므로 누구든지 인사 이동이 있으면 당사자를 부러워하기 일쑤였다.

그런데 어느 날 철강 회사에서 노른자위라 할 수 있는 선전과장이 관리과로 전보되었다. 이것은 물론 대단한 좌천이었다.

그런데도 직원들은 카네기 회장이 줄곧 주지시켰던 영전의 선입관 때문에 관리과에 곧 대단한 권한이 부여될 것이라고 속단했다.

물론 당사자도 불만이 있을 리 없었다.

무려 3년, 그 동안 하루하루 기대에 부풀어 있던 그가 사실을 알아차리기에는 무려 3년이란 엄청난 시간이 흐른 후였다.

이렇게 카네기의 선입관 작전은 지능적이었다. 상대를 어지럽혀 판단을 그릇되게 위조하는 방법에는 선입관을 심어주는 작전이 가장 주효하다.

선입관이란 곧 사회의 동력원이 되는 모티브가 되기 때문이다.

*05

작은 부탁부터 한다

다른 사람에게 큰 부탁을 의뢰할 때는 작은 일부터 우선 부탁을 한 후, 그 결과의 귀추를 보아서 다음의 큰일을 부탁할 일이다.

처음부터 큰일을 부탁받으면 누구든지 부담을 느끼므로 거절하는 가능성도 높아진다.

그러나 작고 소소한 부탁이면 쾌히 응하게 마련이다.

스탠포드 대학의 사회심리학 교수인 프리드맨과 프레이저는 주부들을 대상으로 흥미 있는 조사를 실시한 적이 있었다. 우선 두 교수는 실험 대상자인 주부들에게 다음과 같은 전화를 걸었다.

"저는 캘리포니아 소비자 그룹의 직원입니다. 통계 자료를 얻기 위해 댁에서 사용하는 가정용품에 관해서 몇 가지 우편으로 질문하겠습니다. 응답해 주시면 감사하겠습니다."

이와 같은 요청에 대해 주부들이 승낙하자 '부엌에서 쓰는 비누는 어떤 비누인지요? 부터 시작해서 대답하기에 쉽고 부담이 없는 질문을 몇 가지 적어 우편으로 송달했다.

그리고 며칠 후에는 두 번째의 부탁을 청하기 위해 전화를 걸었다.

"일전에는 대단히 감사했습니다. 실은 지난번의 조사를 확대하게 되어서 가까운 시일 안에 댁을 방문했으면 좋겠는데 그때에는 몇 명의 직원들이 찾아갈 것이니 식당·창고 등 여러 곳을 자유롭게 보여주실 것을 부탁드립니다."

이러한 두 번째의 약간 무리한 부탁에 대해서도 무려 52.8%의 주부가 쾌히 승낙했다.

이 사실을 볼 때 부탁은 우선 작은 것부터라는 말을 재인식하게 된다. 이 실험의 결과에 의하지 않더라도 우리의 주변을 살펴보면 서로가 상대의 도움을 필요로 할 때 무턱대고 갈망에 쫓겨 무리한 부탁을 했다가 거절당한 예가 흔하다.

광고에서도 이 방법이 응용되고 있다. 신제품을 선전하는 데 처음에는 신문에 조그마한 지면을 할애하여 주의를 환기시키다가 몇 주 후에는 대대적으로 광고를 하여 그때까지도 '무엇일까?' 하는 의혹을 가지고 있던 많은 사람들에게 강한 인상을 주는 것이다. 상품의 선전도 일종의 구매를 부탁하는 경우로 볼 수 있다. 신뢰를 받는 방법에도 역시 이와 같은 방법이 응용될 수 있다.

역설적인 예인지는 몰라도 '세기의 여자 사기꾼'이라고 불렸던 브라운이라는 여자는 다른 사람에게서 소액의 돈을 빌어다 또 다른 사람에게 갚고 역시 점차로 이를 확대하여 자기는 한푼도 없으면서 수천만 달러의 돈을 이리저리 이용하는 사기술로 이것을 이용했다고 한다.

이것은 극단적인 예이지만, 큰 것을 얻기 위해서는 처음부터 큰 것을 부탁하기보다 작은 것부터 부탁하는 방법이 효과적이다.

*06
나에게 **유리한 단정**을 내리도록 **유도**한다

1896년 미 대통령 후보로 나선 브라이언은 열심히 선거 유세를 다녔다. 그런데 그는 독특하게 자기를 선전하고 다녔다. 그것은,

"라이벌인 머킨레이는 틀림없이 낙선할 것이고 내가 당선한다."

라고 하는 말이었다. 처음에는 그의 말을 충분히 납득치 못하던 사람들도 나중에는 그의 의도를 알아차릴 수가 없어 브라이언 쪽의 말에 끌려들었다.

브라이언은 대중들이 '강조'와 '입증'을 구분하지 못하도록 유도하여 자기의 강조가 입증된 것처럼 행동했다. 그의 지론대로 대중은 강조와 입증을 정확히 구분하려고 하지 않았다.

물론 강조와 입증 사이에는 커다란 갭이 있다. 강조를 소극적으로 말하면 주장에 불과한 것이지만 입증은 진리인 것이다.

그러나 브라이언은 자기가 당선된다는 말에 액센트를 두어 그것이 입증

된 것인 양 꾸몄던 것이다.

상대가 교양이 있고 지식이 있을 때 그의 판단을 빗나가도록 이끌려면 지나친 단정도 안 되며, 일사천리의 웅변도 안 된다는 사실은 누구나 알고 있다.

이런 상대에게는 사실의 증명을 확인시키는 일이 급선무이다.

그러므로 나에 대한 단정이 유리하게 나오도록 분위기를 이끌어야 한다. 그러기 위해서는 단정적인 의미를 지니고 있으면서도 그것이 나 혼자만의 주장이나 독선이 아닌 공동 주지의 사실인 양 위장하는 것이 필요하다.

시저를 죽인 시민의 영웅 브루투스를 로마 시민의 이름으로 반역으로 몰아붙인 안토니우스의 말은 시민들의 상승 무드를 탄 최적의 예화이다. 안토니우스가 시민들의 지지를 받고 있었다고 해도 처음부터 자기의 속마음을 보였다면 결코 지지를 얻을 수 없었을 것이다.

안토니우스는 시저를 욕했으며 브루투스를 찬양했다. 그는 로마의 지식인들을 향해 그들이 내린 결론이 합당함을 지지하는 발언으로 말문을 열었다.

그러나 실상 그는 말 한마디에 자기의 단정을 뒤섞어 놓는 것을 잊지 않았다. 결국 시민들은 돌변하여 시저를 영웅으로 받들고 브루투스를 역적으로 몰고 말았다. 안토니우스는 교묘한 단정의 테크닉으로 시민들의 판단을 역으로 이끈 것이다.

상대의 판단을 거꾸로 바꾸어 놓으려면 한 가지의 말을 충분히, 그리고 힘있게 반복하여 내가 믿고 있는 것을 상대가 받아들이도록 꾀한 일이다.

어떤 가구상의 주인이 자기 공장의 가구에 비교하여, "다른 집에서도 물론 훌륭한 재료를 씁니다. 그러나 나무를 얼마나 잘 다듬을 수 있을까 하는 염려가 없지 않습니다."

라고 말했다. 손님은 이 주인이 다른 상점의 가구를 빈정대는 것인지 추켜주는 것인지 종잡을 수 없게 되었다. 다만 "다른 집에서 훌륭한 재료를 사용한다."와 "솜씨가 있는지 염려가 된다."의 두 말 어디에도 전혀 황당무계한 거짓은 들어 있지 않은 듯 들렸으므로 그의 말을 겸손으로 받아들였다.

그리고 쉽게 이 가구상의 주인에게는 훌륭한 재료, 훌륭한 기술이 있다는 두 가지 단정을 내리게 되었다.

*07

말은 가급적 **짧게** 그리고 **요점**을 말한다

프랑스의 문호 빅토르 위고의 의문 부호 '?'와 '!'는 널리 알려진 이야기이다.

흔히 이런 형태의 함축성 있는 말을 놓고 촌철살인이라고 하는데 아주 짤막한 말로써 사람을 인상적으로 감동시키는 것을 뜻한다.

대화에 있어서도 이와 마찬가지로 무수히 많은 언어 중에서 화제에 빗나가지 않고 핵심을 찌르는 말은 짧을수록 강한 인상을 준다.

유려한 말보다 직감적인 표현이 어필한다는 사실은 흔히 경험할 수 있다.

생활의 가속화가 이루어져 말도 따라서 변화하는지는 모르나 간단 명료한 대답을 요구하는 사람이 늘어가고 너저분한 변명의 나열을 싫어하는 것이 현대인의 특징이다.

한 신문사에서 유명한 여배우의 사진이 필요하여 촬영 솜씨가 좋은 기자에게 그녀의 사진을 촬영해 오라고 지시했다. 사진 기자는 숲 속에서 카메라를 들고 숨어 그녀가 지나가기를 기다렸다. 그러나 막상 촬영의 기회를 포착했다 싶어 셔터를 누르려고 하면 그때마다 그녀는 얼굴을 가리거나 그 밖의 방법으로 촬영을 못하게 했다.

베테랑 사진 기자는 할 수 없이 신입 기자에게 그 일을 부탁하였다.

물론 그 일이 대단히 어렵다는 단서도 잊지 않았다. 그랬더니 그는 채 한 시간도 못 되어 그녀의 사진을 찍어 가지고 돌아왔다.

깜짝 놀란 베테랑 기자는 어떤 방법으로 촬영했는가를 묻지 않을 수 없었다.

"무슨 좋은 요령이라도 있었나?"

"아뇨, 그냥 부탁을 했을 뿐인걸요."

"아니, 부탁을 했을 뿐이라구?"

선배는 놀라지 않을 수 없었다. 신입 기자는 그녀의 집을 찾아가서 초인종을 누른 후 그녀가 나타나자 아무 거리낌없이,

"신문에 쓸 당신의 사진이 필요해서 찾아왔습니다."라고 말했고 그녀는 신입 기자에게 미소를 지으면서 선선히 응하더라는 것이었다.

촬영의 요령을 알고 있던 선배 기자는 오히려 대담할 수가 없었고, 신입 기자는 자기가 필요한 것을 짧게 부탁할 수 있었기 때문에 성공한 것이다.

이처럼 짧고 핵심적인 말은 상대에게 강한 인상을 준다. 우리의 일상 대화는 모두 설명형이다. 한 가지를 말하더라도 수식어를 줄줄이 나열해야만 상대가 쉽게 이해할 것이라는 생각에 자꾸 말을 늘인다.

그러나 장식이 화려한 것일수록 실제 속내용은 그렇게 충실하지 못하다. 그러므로 부탁이나 협조의 말은 짧게 하는 훈련을 해야 한다.

이런 의미에서 시저의 명언인 "왔노라, 보았노라, 이겼노라."는 아직도 짧으면서 정곡을 찌르는 말로 전해져 온다.

상대의 마음에 강한 암시와 지워지지 않는 인상을 주는 말이란 아무리 목소리가 좋고, 말솜씨가 우아하며 성의가 있다 하더라도 실제로 그것이 주는 효과와는 거리가 있다.

짧으면서 핵심을 찌르는 말이란 오직 대화법을 향상시키는 훈련에서 얻어지는 것이다.

*08

말의 순서를 바꾸어 본다

'저널리스트' 사회에서는 이미 널리 알려진 이야기지만, 보도 가치의 기준으로서 개에 대한 아주 재미있는 이야기가 있다.

어떤 경우든지 "개가 사람을 물었다." 하면 뉴스 면에 게재될 성질의 것이 못 되지만 "사람이 개를 물었다." 한다면 자못 귀추를 주목하지 않을 수 없다는 이야기이다.

이것은 주어와 목적어의 개념이 도치되면 평범한 화제도 쇼킹한 반향을 불러모은다는 상징적인 말이다.

언어에는 이처럼 항시 의외성을 만들 수 있는 소지가 있다.

우리가 일상 사용하는 상투어도 단어의 순서를 뒤바꾸어 놓으면 보편적인 고정관념을 벗어나 강하게 인상에 새겨지게 된다.

보편적인 개념에서 탈피한 언어는 신선한 기분을 갖게 하기 때문에 이야기의 파급과 전달 효과가 아울러 증대된다.

대화에 있어서 보편적인 이야기를 강하게 인상지어 주려면 언어의 순서를 도치시켜 볼 일이다.

언어의 순서는 항상 일정해서 선입관이 굳어 있을 수 있으므로 그 고정 관념을 탈피하면 상대에게 새로운 감동을 줄 수 있는 신선함을 발휘할 수가 있다.

수평적 사고의 창시자인 에드워드 보노는,

"신선한 사고의 원동력은 사물의 관계를 의식적으로 역전시키는 데서 산출된다."

고 말했다.

여기에서 그는 모든 대인 관계에서도 언어의 도치를 활용할 것을 주장 했다.

일상 우리가 쓰는 말도 도치시켜 보자.

예를 들어 통상적으로 호칭을 앞에 둔 인사말 "○선생님, 그간 안녕하셨습니까?"보다는 "안녕하셨습니까, ○선생님?"으로 하면 인사말이 강하게 받아들여질 수가 있다.

부탁의 경우라면 "이것 좀 부탁합니다."를 "부탁드립니다, 이것 좀."으로 바꾸면 부탁의 의미가 강조된다.

또 연인들 사이에서 고백을 할 때라면 "○○씨, 사랑합니다."보다는 "사랑합니다, ○○씨." 한다면 훨씬 '사랑'의 의미가 강하게 표현된다.

이러한 언어의 도치는 특정한 경우뿐만이 아니고 일상적인 회화에서도 응용할 수 있는 테크닉이다.

세일즈맨의 말을 예로 들어 보자.

보통 신형임을 강조할 경우라면,

"이 자동차는 최신형입니다."

라고 말할 것이다. 그러나,

"최신형 자동차입니다."

한다면 인상이 더 강해진다. 비단 이런 상품 판매가 아니라도 강조하고
자 하는 부분을 상대에게 강하게 인상지어 주려면 말을 도치시킬 일이다.
　똑같은 내용의 말이라도 언어의 의외성을 활용하면 훨씬 인상적인 내용
으로 전환시킬 수 있다.

제8장

내 편을 만드는 비결

*01

가부가 아니라 **어느 것이냐**를 묻는다

협력과 동의를 얻기 위해서 사람들은, "어떻게 했으면 좋겠습니까?"
라고 묻지만 정말로 상대가 협력과 동의의 부탁을 거절하지 못하게 하
려면 그보다,

"그럼 어느 것으로 할까요?"

하고 선택하도록 유도할 일이다.

'어떻게'는 우선 상대가 무슨 생각을 하고 있는지를 모른다는 전제이지
만 '어느 것'이냐고 묻는 것은 먼저 상대가 협력해 줄 것이라는 전제를 덮
어씌움으로써 협력을 용이케 하는 작전이다.

세일즈맨이 상품을 들고 한 회사의 사장을 찾아갔다. 사장은 세일즈맨
이 열심히 지껄이는 것을 듣는 둥 마는 둥 멍청히 앉아 있다가,

"그럼 어떤 것으로 할까요?"

하는 세일즈맨의 질문에 얼떨결에 그만 생각에도 없던 상품을 사고 말

았다.

　도도한 아가씨가 있어 그녀를 좋아하는 청년의 가슴을 좋이게 만들고 있었다. 청년은 퇴근 시간만 되면 열심히 다이얼을 돌려,
　"오늘 좀 만나주십시오."
　를 되풀이하는 것이 일과가 되다시피 하였다.
　그런데도 그녀는 늘,
　"오늘은 바빠서요."
　하는 대답으로 청년의 성의를 짓밟기 일쑤였다. 그러던 어느 날 청년은 드디어 기발한 작전을 구상하고 의기양양하게 전화를 걸었다.
　"오늘 저녁 7시에 만날까요, 8시에 만날까요?"

　그 다음의 이야기는 들어보나마나 그 청년의 판정승이었다.
　사람들에게는 도피 심리가 있다.
　부탁을 받으면 거절하고 싶다거나 이유를 들어 난색을 표명하고, 프로포즈를 받으면 괜한 이유를 들어 일단 도피하려고 한다.
　'어떻게'는 사람들의 이러한 도피 심리를 조장해주는 말이다.
　그렇지 않아도 탈출구를 찾는 입장인데 '예스'냐 '노'냐를 택하라고 하면 누구든지 '노' 쪽을 택하게 될 것은 자명한 이치이다.
　그러나 '어느 것이냐?'는 이러한 도피 심리에 쐐기를 박는 말이다.
　일단 긍정을 해 놓았다는 단서가 붙어 있기 때문에, 가부를 묻는 것이 아니고 어느 것에 긍정을 할 것이냐를 묻는 말이 된다.
　상대의 협력과 동의를 구하려면 도피할 수 있는, 즉 거절할 수 있는 여지를 최대한 축소시켜 놓아야 한다.

섬유업으로 성장한 방적회사에서 라이벌 사의 유능한 브레인을 흡수키로 결정하고 기회를 엿보던 중 판매의 총책임자를 포착했다.

방적회사에서 급파된 스카웃 요원들은 여러 가지 간접적인 방법으로 그를 회유해 보았으나 결과는 별 무소득, 그렇지 않아도 심각한 슬럼프에서 고민하던 방적회사는 급기야 사장 선에서 직접 나서기로 결정하고 작전을 짜기에 부심했다. 사장은 유능한 설득가였으며 아울러 인간 조종에 능숙한 솜씨를 지니고 있었다. 사장은 즉각 그를 초청하여 두 개의 카드를 내밀었다.

'판매 담당 상무' 와 '생산 관리 겸 기획 실장' 의 직함이었다. 사장은 그의 도피 심리를 사전에 치밀히 봉쇄하고 '어느 것' 을 선택케 하였다. 결과는 물론 만족스런 것이었다.

*02

이익 보장을 약속한다

"어떠한 활동이라도 개인에 근거를 두지 않는 그 기반은 견고해지지 못한다. 이것은 차라리 보편적인 철학상의 진리이다."

이것은 톨스토이가 이기적 동물이 인간임을 갈파하여 한 말이다.

이익에 대한 인간의 추구는 본능적인 욕망으로서 활동하고자 하는 의욕에 비례한다. 인간의 모든 활동은 이익에 지배받고, 조정되고 좌우되는 것이다.

이익에 있어서 인간이 추구하는 형태는 두 가지로 크게 나눌 수 있다.

우선 '아가페'적인 이익, 즉 공동의 이익을 얻고자 하는 것이며 다음으로 개인적인 이익을 얻고자 하는 것이다.

그러나 공동의 이익을 위한다는 것은 사실상 명분뿐이고 무기력하다.

따라서 공동의 이익을 위한다는 전제는 항상 명분을 수반해야 얼마만큼이라도 효과를 거둘 수 있다.

부하들을 사로잡아 전 유럽을 석권했던 나폴레옹도,

"인간을 움직이는 지레는 공포와 이익이다."

라고 갈파하면서 이익의 보장이 사람의 마음을 휘어잡는 첩경임을 강조했다.

인간의 지혜가 새롭게 발달해 나가는 근본적인 이유도 이익을 보다 많이 얻기 위한 방편인 점을 생각할 때 사회란 이익에 의해 얽히고 설킨 미궁이라고 할 수 있다.

그러므로 이익의 보장이 선행되지 않은 상태에서 상대의 협조와 동의를 얻기란 그리 쉬운 일이 아니다.

피와 땀과 눈물을 국민들에게 제공하겠다던 윈스턴 처칠의 공약도 따지고 보면 국민들의 자기 현실에 대한 욕구에 이익을 제공하겠다는 말이었다. 2차대전의 전화에 시달리던 영국 국민들은 자기들의 생활을 피와 땀과 눈물로써 보장하겠다는 처칠의 말을 듣고 환호성을 올리지 않을 수 없었다.

생활의 보장이란 곧 개인의 이익을 보장한다는 말과 직결되는 시대였기 때문이다.

사냥꾼이 코끼리 사냥을 나갔다. 사냥꾼은 숲 속을 이리저리 방황하다가 드디어 한 마리의 코끼리를 잡았다. 그러나 운반할 힘과 재주가 그에게는 없었다. 할 수 없이 그는 마을로 내려와 동네 사람들을 선동했다.

"마을 사람들은 들으시오! 지금부터 나를 따라 우리 코끼리를 운반해 옵시다!"

사람들은 그가 죽을힘을 다해 혼자 쓰러뜨린 코끼리를 '우리의 코끼리'라고 강조하며 도움을 청하자 너도나도 몰려들었다.

결국 코끼리는 수많은 마을 사람들의 힘으로 마을 어귀까지 운반되었다. 그런데 코끼리를 쓰러뜨린 사냥꾼은 아무리 생각해도 억울하기 짝이 없는 노릇이었다. 자기 혼자 천신만고 끝에 잡아 놓은 코끼리가 '자기 코끼리'가 되지 못하고 '우리 코끼리'가 되어 버렸으니 억울하기도 했다.

그래서 그는 갑자기 마을 사람들의 도움을 뿌리치고 혼자 코끼리를 끌기 시작했다. 그렇지만 혼자의 이익에 눈이 먼 사냥꾼의 무기력한 힘으로 꼼짝이나 할 코끼리가 아니었다. 잘못하다 컴컴한 밤이라도 되는 날에는 사나운 맹수들의 제물이 되기가 안성맞춤이었다.

마침내 사냥꾼은 다시 "우리 코끼리!"임을 마을 사람에게 강조하여 각기 이익을 분배키로 하고 협조를 청하고야 말았다.

*03

맞장구를 쳐준다

대화를 나누는 데 있어 가장 중요한 것은 우선 나의 의사를 전달하거나 동의를 얻는 일이다.

그러나 대화란 이러한 일방적인 효과를 얻기도 하지만 반면에 상대의 정보를 얻고자 하는 면도 중요하다. 그러므로 상대가 지닌 정보를 더 많이 얻어내는 능력이 대화의 능력이라고 할 수 있다.

대화를 함에 있어서 상대가 말문을 열었을 때는 그가 지속적으로 자기의 정보를 나의 의도대로 털어놓을 수 있도록 협력해야 한다. 바꾸어 말하면 상대가 말을 잘할 수 있도록 맞장구를 치라는 말이다.

"뛰는 말에 채찍질을 한다."는 속담처럼 즐겁게 자기의 속을 내보일 수 있도록 격려하면 도움을 받게 된 상대는 나의 심리적 배려에 감사하여 자기가 하고 싶은 이야기를 조리 있게 표현할 수 있게 된다.

그러나 이런 경우에 조심해야 할 것은 상대와 호흡을 같이 하는 동류 의식을 갖는 일이다.

어조도 상대와 같은 정도로 조절해야 하고 언어의 선택도 적당히 융합되는 수준의 것으로 골라야 한다.

방송 프로에서 사회를 볼 때 첫째 조건은 대화를 할 상대를 순간적으로 판단하여 거기에 조화되는 질문과 응수를 하는 일이다.

출연자가 무엇을 말하고자 하는가를 재빨리 감지하여 상대의 끝말을 받아서 다음 말을 계속하게 해야 하는 것이다.

그러므로 "아, 그렇습니까?" "그래서요?" "그렇겠죠." 등의 말을 빌어서 전혀 기복이 없는 대화를 나누는 능력이 사회자에게는 전적으로 필요하다.

때로는 짧게 하고 때로는 그 다음에 나올 말을 염두에 두어 부언하는 것도 효과적이다.

맞장구는 짧은 말일수록 좋다. 소포클레스도,

"짧은 말에 더 많은 지혜가 담겨 있다."

라고 했다.

맞장구란 한마디 말로써 백 마디 이상의 효과를 바로 얻을 수 있는 묘약이다. 적당한 응대는 인간적인 유대도 돈독하게 해주고 동시에 서로의 인격이 존중되고 있음을 느끼게 한다.

따라서 서로의 인격이 존중되고 있다는 의식의 공감대가 이루어진다면 이야기하기를 꺼리던 상대도 허심탄회하게 자기를 표현할 것이요, 내가 알고자 하는 내용의 이야기를 하는 데도 주저함이 없게 될 것이다.

이혼 상담소에 한 부인이 찾아왔다. 40대 초반에 들어선 그녀는 화려한 옷맵시 못지 않게 거들먹거리는 태도로 사무실을 빙 둘러보더니 역시 40대인 여 소장에게 퉁명스레 말을 걸었다.

"소장님도 40이 넘으셨나요?"

그러자 소장은 재빨리,

"아니, 그럼 부인도 40이 넘으셨단 말인가요? 어머, 그보다 훨씬 아래로 보이는데요."

소장의 맞장구 한마디에 그녀의 거만은 자취를 감추고 말았다. 그리고 그녀는,

"요즘 젊은 여성들이 인생 상담을 한답시고 거만스런 자세로 앉아 있는 꼴이 못마땅해서 상담소 찾기를 망설였다."

고 솔직히 털어놓고 자기의 걱정을 말하는 것이었다.

이럴 때처럼 상대의 끝말을 받아 되묻는 맞장구는 누구든지 쉽게 활용할 수 있는 간단한 비결이다.

*04

공동체 의식을 강조한다

원수와 같던 두 사람이 정작 같은 집단 내에 몸을 담고 생사고락을 함께한 결과 친형제보다 더 가까워졌다는 일화는 집단사회에서는 흔히 볼 수 있는 일이다.

인간은 사회적 연관을 맺고 살아가기 때문에 흔히 인간 가족이라는 말이 자주 사용되기도 한다.

그러나 각계 각층의 사람들 모두가 하나같이 같은 생각과 같은 행동으로 일치 · 화합할 수는 없다.

사회의 구조상으로 사람들은 어떤 범주로 묶이고 분리되어 생활하게 마련이다.

이렇게 분리되고 공통으로 묶인 것을 집단이라고 보았을 때 집단 외의 사람과 집단 내의 사람과는 서로 생각하는 관점이 다르다.

상대를 설득하는 데는 같은 계통, 같은 성격을 지니고 있다는 동류 의식을 강조하면 이외로 설득 효과가 높다. 자기를 이해해 주고 신뢰하는 정도가 높으면 인식이 우선 깊어지고, 공동체적인 입장이기 때문에 불신이 끼여들지 않을 것이라는 마음의 신뢰가 샘솟기 때문이다.

본래 '동류의식설'은 미국의 사회학자 기딩즈가 창안한 말로서 다른 모든 사람들이 자기와 동류라고 의식하는 것이 사회를 이루는 근본적 요소라는 학설이다.

따라서 동류의식을 갖게 되면 나 이외의 사람들도 모두 자기와 근본 바탕이 같다고 생각함으로써 동포애도 낳게 되고 사랑도 낳게 되는 것이다.

대인관계에 있어 적어도 이 동류의식을 강조해서 실패한 예는 없다.

비록 같은 집단 내의 사람이 아니라는 외형적 전제가 따를 때라도 이와 같은 인상을 상대에게 심어주는 것이 설득에 성공을 가져오는 길이다.

기업주가 기업관리를 효율적으로 하는 데에도 이 방법은 절대적이다.

대규모 조직이 완벽하게 이루어진 기업은 구성원 하나하나를 모두 기업주와 같은 운명체 속으로 흡수시키기가 어렵다.

세분화된 조직 기업은 분업적 능력만을 요구하는 인상이 짙기 때문에 개인의 정신적 동의를 강하게 요구하지 못하는 단점이 있다.

그러나 소규모 영세기업의 경우는 이와 다르다.

구성원 한 사람 한 사람이 자기와 입장이 같다는 것을 누차 강조하여 서로의 동의가 이루어져야만 기업의 번영이 약속되는 것이다.

소규모이긴 하지만 무역업을 하는 조지 랭 씨는 이 방법을 효과적으로 활용할 줄 아는 사람으로서 그 방면의 기업주들은 그의 회사를 랭 사단이라는 닉네임으로 부른다.

랭은 아침 회의 시간에 예외 없이 5분간씩 훈화 시간을 갖는데 이 자리에서는 불과 몇 명이 되지 않는 부하 직원들에게 회사의 현황을 설명한다. 랭 자신이 브리핑을 하는 것이다.

그 시간에는 회사의 발전 추이가 한눈에 들어오도록 일목요연한 설명도 하는데 회의 도중의 직원들 관심도가 대단하다는 것이다. 이른바 기업 실태를 직원들에게 낱낱이 알려 나만의 기업이 아닌 모두의 기업임을 은연중에 인식시키는 것이다.

랭씨의 기업이 날로 번창하게 된 비결은 다른 것이 아니라 직원들의 동류의식의 발로였다.

*05

비교급을 사용한다

세일즈 기법에서 무엇보다 중요한 것은 '보다 더 대화에 자신을 갖는 일'이다.

사람의 기분을 만족시키려면 무엇보다도 우선 상대를 인정해야 한다. 먼저, 대상이 될 만한 사람들에게 어느 정도 언어 능력을 가지고 있다는 사실을 주지시키고 '보다 더'라는 비교급의 형용사를 사용하여 좀더 자기의 능력을 키워보고 싶은 욕구를 일으키게 한다.

전문가적인 입장에 서 있게 되면 누구든지 유일한 능력자가 자기뿐이라는 오만과 편견을 갖게 된다.

이 아집을 가지고 있으면 상대의 기분을 흡족하게 만들기는 어렵다.

자기 능력을 완전히 불신받았을 때는 분발하고자 하는 의욕보다 자존심이 상하는 불쾌감에 젖는 것이 인간의 보편적 감정이다.

비교급의 언어를 사용한다는 것은, 현재 상태에서도 만족은 하겠지만 더 이상 능력을 확대시켜야 한다는 인상을 강하게 심어준다.

요즘의 광고 문안을 분석해 보면 상품의 질이 좋아졌다는 형용사를 사용한 광고에는 거의가 다 '더욱'이라는 비교급 단어가 첨가되어 있다는 사실을 알 수 있다.

'더욱 건강해질 수 있는 지혜로운 선택'이라든지 '당신의 머리를 더욱 부드럽게 가꾸어 주는 밍크 샴푸'라는 문안은 선전 효과가 배가될 수 있는 호기심을 불러일으킨다.

형용사의 비교급은 이와 같이 상대의 자존심을 만족시켜 주고 이를 보다 더 증대시키고 싶은 욕구를 일으켜 주는 자극제 역할을 효과적으로 수행해주는 것이다.

*06

약속의 구속력을 이용한다

"약속을 지키는 최상의 방법은 결코 약속을 하지 않는 것이다."

라고 나폴레옹 1세는 말했다. 이 말은 약속이란 그만큼 지키기가 어려운 것이므로 약속이라는 눈에 보이지 않는 그물에 얽히는 일이 결코 없도록 하라는 말이다. 약속은 인간의 마음을 사로잡기 위하여 고안된 가장 효과적인 방법이다.

유대의 선지자 모세도 이 방법을 수천 년 전에 도입하여 방황하던 민중의 마음을 사로잡은 바 있다. 그는 이집트를 탈출하여 사막을 전진하는 그의 민족에게 '약속의 땅'을 부르짖었다. 먹을 양식이 없어 굶주리고, 흙먼지 속에서 갈 길 몰라 방황하던 유대 민족은 모세가 내놓은 약속에 마음을 사로잡혔다. 날이 갈수록 불만이 쌓여갔던 그들의 앞길에 모세의 약속이 서광을 비쳐준 것이다.

약속의 힘이란 이와 같이 무서운 위력을 나타낸다. 인간은 누구나 내일의 자기가 어떻게 변할는지 모른다. 이 숙명적인 이유가 약속에 약한 인간을 만드는 것이다.

무엇이든지 '믿을 수 있다.'는 무형의 힘의 작용으로 약속을 하게 되고 분명 좋은 결과를 나타낼 것이라고 믿게 된다. 그러나 약속이란 진실되지 않으면 안 된다. 진실에 근거를 둔 약속이 아닐 경우에는 인간 관계를 크게 해치는 독소가 될지도 모른다.

알프스의 한 처녀봉을 목표로 숨을 헐떡이며 올라가던 등반대가 있었다.

정상의 반을 올라간 그들은 과연 지금의 노력이 보람 있는 것일까 하는 회의와 당혹감을 느끼기 시작했다. 그러나 등반대의 리더는 활동형일 뿐 아니라 심리 파악에도 명수였다. 그는 새하얀 눈으로 덮인 웅장한 정상을 가리키며, "보라! 우리들, 아니 너희들에게 약속된 저 자리를. 바로 세계의 정상이다!"라고 외치는 것이었다. 리더의 이 매력적인 말 때문에 대원들은 정상 위에서 자기들을 기다리고 있는 영광을 약속받았다는 즐거움에 넘쳐 더욱 분발하게 되었다. 그리하여 목표대로 정상을 정복했다.

약속이 희망적인 결과를 기대할 수 있는 것일 때 당신은 원하는 바대로 동의를 얻을 수 있다.

협력이 요구하는 대화가 거북하게 진행되고 있을 경우라면,

"아 참! 이번 일요일은 자네 결혼 기념일이 아닌가? 그럼 내가 한잔 사야겠는걸? 이때 내가 일요일날 자네 집에 가겠네. 틀림없이. 이건 약속이라구."

하고 말하면 상대는 지루한 대화를 일단 끝맺은 것에는 좋아하지만 결혼기념일에 술 한잔 하자는 약속을 하게 된 것에 부담감을 느낀다.

그러나 그 약속은 파기할 수 없다. 약속은 약속대로의 구속력이 있기 때문이다. 이렇게 자꾸 피하려는 상대에게는 교묘한 화법으로 약속을 강요한다.

*07

노이로제 환자는 따뜻이 대해준다

대인관계에서 비협조적이며 사람들과 접촉하기조차 꺼리는 사람의 대부분은 일종의 노이로제 환자이다.

비단 이것이 구체적 증상을 근거로 해서 감지해낸 사실이 아니라 하더라도, 일단 사람들과 접촉하기를 꺼리고 비협조적인 사람들은 그들 나름대로 어떤 증오의 감정, 즉 불신의 선입견을 지니고 있다고 확신해도 된다.

이러한 사람들은 대체적으로 인간적인 회의뿐 아니라 자기들이 맡은 바의 생활에도 충실치 못하다.

인간이 인간을 증오하게 되면 자기의 존재도 부정하게 되고 따라서 자기의 부정이 무기력화를 초래하기도 한다.

그러므로 이런 류의 상대를 격려하고 분발시키기 위한 설득의 방법이 직선적이거나 논리적인 형태의 말이면 효과가 없다. 효과가 없기보다는 도리어 악영향을 미치게 된다.

상대가 어떤 원인에 의해서 노이로제에 사로잡히게 되었는가를 먼저 살펴 노이로제로부터 탈피시켜 주어야만 그 다음의 설득이 주효하게 된다. 그러나 노이로제의 원인을 살핀다는 것이 말처럼 수월한 것은 아니다. 상대의 생활 환경, 성격, 교육적 배경 등을 아울러 알아야 하기 때문에 내 쪽이 더 적극적이고 치밀하지 않으면 안 된다.

이러한 상대에게 모두 인간적인 우호의 감정이 본질적으로 존재하지 않았던 것은 아니다. 태어날 때부터 지니고 있었으나 어떤 특별한 계기로 인하여 상실되고 잊혀졌던 것이다. 바로 그것을 당신이 진실 되게 협력하여 되찾게 해주어야 하는 것이다.

건설회사에 한 엔지니어가 있었다. 그의 담당 부서는, 거대한 크레인을 가동시키는 현장의 기계실에 있었는데 그는 성격이 아주 배타적이어서 입사 초부터 특별한 개인적 사정이 있는 동료가 잠시 동안 자리를 봐달라고 부탁해도 듣는 둥 마는 둥 무관심하기가 일쑤였다.

나아가 어떤 때는 사소한 실수를 일으켜 그의 상관들은 그의 처리에 부심하게 되었다.

그러나 회사측에서 그에게 제재를 가하려 하면 실무 관리자 측에서는 막무가내로 만류하는 것이었다.

그의 기술이 워낙 뛰어나고 간혹 작은 실수를 저지르기는 하지만 그 정도의 실수는 다른 엔지니어의 실수에 비해 미미한 것이며, 그가 빠지면 실무 면에 막대한 손실을 초래할 정도로 기술적인 측면에서는 엘리트였기 때문이다.

결국 그의 직계 상사가 그의 집을 찾아가 무려 3개월간을 함께 생활하며 그를 관찰하기 시작했다. 그는 인간 불신의 노이로제에 아주 깊게 빠져 있었다. 상사는 석 달 동안 인간적인 관심과 애정을 바탕으로 그를 설득시켜 정신적인 안정을 되찾게 해주어 더욱 훌륭한 엔지니어로 성공할 수 있는 길을 열어 주었다.

*08

신뢰의 충동을 일으켜준다

　남자나 여자나 남에게 미움받기를 좋아할 사람은 없다. 이 말은 너무나 당연한 말이기 때문에 더 부언할 필요도 없다. 그러나 실제로 자기가 잘못되어 가는 것을 자각하고 있으며 그로 인해 남들의 미움을 받고 있다는 사실을 인식하고 있으면서도 그 모순 속에서 자기 자신을 해방시킬 줄 모르는 사람이 무척 많다.

　그러나 더욱 안타까운 것은 이러한 고민은 해결이 불가능한 것이 아니며 자기 자신이 겪는 혼란도 정화가 가능하다는 점을 사람들이 잘 모른다는 사실이다.

　또한 누구든지 타인이 다루기 힘들어하는 사람이 되고자 하지는 않는다. 그러므로 이러한 상대와 접촉했을 때 그에게 인간성에 대한 신념을 되찾아주면 그는 지금의 자기보다 훨씬 나은 사람이 되고자 한다는 사실을 알 수가 있다.

　흔히 다루기 어렵다거나 반항적인 기질이 있는 사람이라고 해서 평범한 사람과 크게 다른 것은 아니다.

누구든지 남에게 인정받으려고 한다는 것이 사실이므로 그들을 호의적으로 대해주면 오히려 더욱 긴밀한 유대를 맺을 수가 있다.

어려운 난관에 봉착해서 불안에 떨고 있는 사람도 마찬가지이다. 난관에 봉착하게 되면 의욕이 감퇴하고 쓸데없는 불평이 늘며 사람 자체를 싫어하게 된다.

이런 처지의 사람에게 도움을 주면 그가 확실히 새롭게 되고자 하는 강렬한 욕망에 휩싸이는 모습을 볼 수 있다.

사업에 성공한 친구가 있었다.

그는 일찍이 대학에 재학중일 때부터 사업에 손을 대었다. 기업에 비품을 납품하는 자질구레한 사업부터 시작하여 일약 몇 년 사이에 커다란 사업을 벌인 사업의 천재였다.

그의 성공에는 별다른 비결이 있었던 것은 아니다.

납품을 의뢰해온 고객이 품질 여부를 왈가왈부할 때라도 그는 고개를 끄덕이며 긍정을 하였다. 꼬치꼬치 불필요한 결점을 지적하는 사람들은 대개 심리적으로 불안해 있다는 것을 염두에 두고서 고객의 개인적인 문제에 적극성을 보여 고민거리에 대한 화제를 유도해내고 그에 대해 조력을 서슴지 않았다.

이러한 처세의 덕분으로 그와 관계를 맺은 구매자들은 한결같이 그에게 친구 이상의 친밀감을 느끼게 되었고, 비품의 질에 대해서도 허심탄회하게 말할 수 있는 여건이 되었으므로 사업이 날로 번창하게 되었던 것이다.

다시 말하면 그의 출세 조건은 어려운 문제를 지닌 상대를 걱정해 주고 협조를 아까워하지 않았던 때문이라고 할 수 있다.

역설적인 말이지만 까다로운 상대일수록 마음을 붙잡기가 쉽다는 사실에 주의해야 한다.

예를 들어 극도로 의심이 많은 사람을 대할 때는 누구든지 처세가 어렵다는 핑계로 기피하게 되므로 끝내 그 사람은 외로운 처지에 놓이게 된다. 때문에 의심하는 심리 그 이면에는 무엇이든지 신용하고 싶어하는 반발적 심리가 잠재해 있게 마련이다.

이런 부류의 인간에게는 대담하고 자신 있는 태도로 임해야 하며 그의 의심증을 덜어주기 위해 노력하는 태도를 보이면 그는 반드시 호의를 보이게 된다.

*09

상대의 습관을 화제로 삼는다

　도무지 말이 없는 사람과 마주했을 경우에는 누구라도 답답한 기분과 함께 자리를 뜨고 싶은 충동을 억제하기가 힘들다.

　서로가 기분이 상해서 대화의 단절을 초래했을 경우가 아니고 말을 할 줄 몰라서 빚어지는 상황에 있을 때는 임기응변의 재치와 세심한 관찰력으로 이를 타개할 수 있다.

　사람은 누구나 자기만의 독특한 버릇이 있다. 특히 대화가 단절되었을 경우 이 버릇은 쉽게 눈에 들어온다.

　예를 들어서 낙서를 하거나 발을 흔들어대는 등의 버릇이다.

　우선 대화가 자연스레 이루어질 것 같지 않은 상황이라면 상대의 몸짓을 주의 깊게 보아야 한다. 그리고 상대의 그 버릇을 꼬집어 화제를 만들어 그 속으로 끌려들어오게 만드는 것이다.

　"낙서를 즐기시는군요? 낙서는 생활을 정화시킨다고 하던데요?"

　이렇게 낙서하는 버릇에 주의를 환기시키고,

"언제부터 낙서를 즐기셨나요?"

하고 물으면 아무리 침묵으로 일관했던 상대라도 한마디쯤의 대꾸가 없을 리 없다. 사람은 자기가 무의식적으로 취한 행동에 지적을 받게 되면 일면 당황하기도 하지만 또 다른 면으로는 변명이나 나름대로의 주석을 첨가해서 말하게 된다.

습관이라는 것은, 어떤 결정적인 원인은 있었으나 시간이 흐르고 원인이 되는 지속적인 자극을 잃어버렸을 경우 무의식적으로 취하는 태도인 것이다. 그렇기 때문에 사람마다 습관이 천차만별이고 나름대로의 의미도 다르다.

습관에 대해 지적을 받는 것은 잊혀졌던 자기를 발견하는 것과 같아서 어떤 사람이든지 지적하는 사람에게 불쾌한 감정을 품기보다는 관심을 가져준 성의에 고마움을 느끼게 된다.

더욱이 상대도 화제가 궁핍하여 돌파구를 찾지 못하는 것을 안타깝게 생각하고 있었을 것이므로 퍽 효과적인 방법이다.

그러나 이 방법은 커다란 반향을 불러일으킬 수 있는 확률은 높으나 자칫 상대를 잘못 자극하여 도리어 경계심을 유발하기도 쉽다. 이를테면 상대는 스스로를 감지하지 못하는 탓으로 자기의 버릇이 좋은지 나쁜지 혹은 타인에게 불쾌한 감정을 일으킬 만큼 위험한지의 여부를 생각할 여유가 없다.

그렇기 때문에 상대가 자기의 버릇에 대해 잘못된 점, 불결한 점 등을 지적하면 반발이 일어 침묵으로 이를 무시할 수도 있고 오히려 거센 반발로 대꾸할 수도 있다.

상대의 무의식적인 버릇을 화제에 올린다는 것은 어디까지나 화제의 궁핍과 대화의 연결을 가능케 하기 위한 도구이자 수단이지 꼭 그것을 대화의 주제로 삼고 결과의 추이에 관심을 갖는 것은 곤란하다. 그러나 때로 사람들은 곧잘 스스로 만든 화제 속으로 휘말리고 만다.

여기에서 주의할 일은, 절대로 상대의 나쁜 점은 지적하지 말 것이며 또 다른 대화의 통로가 열리면 그에 대한 화제로 대화를 이끌어야 한다는 점이다.

제9장
웃음을 끌어내는 비결

조화롭게 웃긴다

어느 날 밤, 한 정신병원에 불이 났다. 입원 환자가 많았기 때문에 대단한 소동이 벌어졌다.

풋내기 신문기자가 현장으로 달려가 갑자기 한 환자에게,

"기분이 어떻습니까?"

하고 물었다.

환자는 점잖은 얼굴을 하고 이렇게 대답했다.

"정말 혼이 났습니다. 얼마나 놀랐던지 미쳐버릴 것 같았다니까요?"

어떤 신문 기사의 내용이다. 이것을 읽은 독자는 기자의 당돌함과 환자의 기묘한 대답에 웃었을 것이다.

사람들은 여러 가지 것을 보거나 듣거나 하면서 웃는다. 웃는 것을 보면 그 사람이 어떤 사람인가를 가릴 수가 있다.

웃음은 승리의 노래이기도 하다. '나는 너하고는 좀 달라.' 하면서 자기

가 상대보다 낫다고 생각하면서 웃는 것이다.

한 신사가 거리를 걷고 있는데 바람이 불어 소중히 여기는 모자가 날아가 버렸다.

그러자 사람들은 웃어댔다.

신사는 손으로 모자를 붙잡으려 했지만, 바람이 강해 손에 잡히지 않고 굴러갔다.

사람들은 이것을 보고,

"나 같으면 그런 어처구니없는 실수는 범하지 않겠어."

하면서 배를 붙잡고 웃었다. 우월감 때문이었다.

마침 그때 시속 백 킬로로 달려오던 트럭에 치어 신사가 즉사해 버렸다.

그렇게 되자 사람들은 웃음을 멈추었다. 웃음은 인간적 차원이기 때문이었다.

허무한 웃음, 비웃는 웃음도 있다.

그러나 대개 웃음은 양성이다. 밝은 것이다. 때문에 웃음은 사람들로부터 환영받는다.

사람들을 웃기는 장사도 있다. 코미디이다.

이런 사람들은 몇 번 웃기는 데 얼마라는 식으로 웃음의 수나 질에 따라 대우가 달라진다.

밝은 웃음의 첫째 조건은 알기 쉬울 것, 둘째 조건은 피해가 없을 것이다.

똑같은 말을 하더라도 때에 따라서는 웃음을 가져오지 못하는 경우가 있다. 웃음이란 다음과 같은 여러 가지 조건이 조화되지 않으면 일어나지 않는 것이다.

- 자꾸 되풀이하면 '또야?' 하는 기분이 앞서기 때문에 웃기지 않는다
- 시기를 잃은 이야기는 웃기지 않는다. 시기가 지나버린 유행어 등이 좋은 예이다.
- 가난한 사람이 돈을 잃었다든지 노파가 골탕을 먹었다는 등과 같이 불쌍한 생각이 앞서는 이야기는 웃기지 않는다
- 피해를 수반할 때, 자기가 멍청한 놈이 되어 버리는 경우에는 화가 치밀어오를 뿐이다
- 무관심한 내용일 때, 자신과 아무런 관계가 없는 화제는 웃기지 않는다
- 너무 템포가 느린 이야기는 웃기지 않는다. 웃음에는 어느 정도의 세(勢)가 필요하다.

이야기에서 웃음의 효과가 나오게 하려면 이러한 웃음의 배경, 대화자의 조건 등을 고려할 필요가 있는 것이다.

이렇게 여러 가지를 고려하여 끌어내는 웃음은 어떤 상대에게도 통하는 가장 좋은 무기이다.

*02
가시 돋친 야유는 삼가한다

포드 자동차 영업소 사무실에 부인들이 많이 있었다. 부인들 앞에서 한 젊은 남자가 심히 에로틱한 이야기를 하고 있었다.

한 여성이 다그쳤다.

"숙녀 앞에서 그런 이야기를 하는 것 아니예요!"

"아, 그렇습니까? 저는 숙녀가 없는 줄 알고……."

이런 웃음은 반드시 뒤에 독한 냄새를 남기는 법이다.

무안을 당한 여성들은 안면 근육에 심한 경련을 일으키며, 언젠가는 저런 놈들에게 단단히 본때를 보여 주리라고 별렀을 것임에 틀림이 없다.

한 파티장에 많은 사람이 모였다.

이렇게 사람이 많이 모인 데면 반드시 라고 해도 좋을 만큼 한마디씩 하는 사람이 있다.

"요즘 같은 불경기에 많이도 모였군! 먹고살기도 바쁠 텐데……. 하긴 세상에는 남아도는 시간을 주체하기 힘들어하는 사람도 있는 법이야."

실직 중이거나 자기의 현재를 불우하다고 생각하는 사람들이 이런 말을 어떻게 받아들일 것인가? 이렇게 사람들의 가슴에 못을 박는 말투는 삼가야 한다.

'인간 관계'를 강의하고 있던 카네기에게 사람이 찾아왔다. 그는,

"선생님의 말씀을 하루 전에만 들었어도 이런 일은 일어나지 않았을 것입니다." 라며 후회가 대단했다.

그는 전날 저녁, 선배 사원에게 호되게 당하고 앞으로의 언동에 대한 가르침을 받기 위해 카네기를 찾아온 것이다.

그는 어려서부터 남을 골탕먹이는 말을 즐기는 나쁜 버릇을 가지고 있었다. 그날도 점심 시간에 잡담을 하고 있다가 조금 친숙해진 선배 사원에게, "선배, 사정이 있으시겠지만 어쩌다가 이빨 빠진 여성과 가깝게 되어 버렸습니까?" 하고 말해 버렸다. 그 선배 사원이 조금 나이가 든 여성과 데이트하는 모습을 보았던 것이다.

이빨이 빠졌다는 말이 나이 들어 할머니가 된 것이라는 야유였으므로 듣고 있던 사람들이 모두 웃었다.

그 자리에서는 선배 사원도 마지못해 웃는 표정을 지었지만, 그는 자존심에 깊은 상처를 입었다.

선배는 그날 밤 술자리에서,

"이 건방진 자식! 어디 맛 좀 봐라."

하면서 그를 호되게 두드려 패 버린 것이다.

말의 원한이란 이렇게 무서운 것이다.

상담이나 대화에 있어서 역시 입 조심은 중요하다.

*03

공포를 웃음으로 바꿔본다

불안과 긴장의 순간에는 누구든지 기분을 전환시키려고 애쓰지만 쉽게 마음의 안정을 얻기는 힘들다.

인간에게는 두려움이라는 선천적인 공포가 항시 존재하기 때문에 언제든지 주위 환경에 이상이 나타나면 공포와 긴장으로 불안에 떨게 된다.

유머와 위트는 이런 상황을 잠시라도 도피시킬 수 있는 유일한 방법이다. 사람을 웃길 수 있다는 것도 사실상 퍽 어렵지만 한마디의 유머도 공포를 무산시키는 데는 절대적인 효과를 나타내므로 사람은 웃길 수만 있다면 최선의 화법을 지녔다고 해도 과언은 아니다.

〈아이디어 화술〉의 저자 마에다의 일화 중에 이런 이야기가 있다.

그가 하와이에 갔다가 일본으로 돌아가는 비행기에 탑승했을 때였다.

기내에는 미국인과 국제 결혼한 일본 여자와 꼬마 아이가 있었다. 그 아이는 일본의 외갓집으로 생일을 쇠러 간다고 하였다. 그때였다. 갑자기 기장이 다음과 같은 방송을 내보냈다.

"피로한 여행 중에 대단히 죄송한 말씀이지만 비행기의 제2 엔진이 고장이 났으므로 부득이 하와이로 다시 돌아가겠습니다."

그도 그러했지만 비행기 안의 승객들은 모두들 불안에 가득차 있는 모습이었다. 그러나 그보다도 그는 하와이로 돌아가게 되면 날짜 변경선을 지나야 하기 때문에 꼬마의 생일이 없어지는 것이 안타까웠다.

그는 승객들을 둘러보고,

"자. 꼬마의 생일이 없어질 테니 우리 모두 가엾은 꼬마를 축하하는 의미에서 생일을 비행기 안에서 지내주도록 합시다."

라고 말하여 비행기 안에서 '해피 버스데이 투 유'가 울려퍼지게 되었다. 모두들 불안을 잠시 잊은 듯 천진스런 표정의 꼬마를 위해 기꺼이 생일 축하 노래를 불렀다. 이런 분위기 덕분으로 잠시 비행기 고장에 대한 불안이 사라진 틈을 이용하여 그는 다시,

"여러분, 제가 생각건대 비행기가 하와이로 되돌아가는 것은 엔진 고장 때문이 아닌 것 같습니다. 사실은 이 비행기의 기장이 악성 설사병에 걸렸나 봅니다. 기장으로서 미안하고 또 도쿄로 가고는 싶지만 도저히 참고 갈 수가 없어 다시 하와이로 돌아가려는 것일 거예요."

그렇지 않아도 꼬마의 생일 축하 때문에 긴장과 불안을 잊어버렸던 승객들은 그의 유머에 배를 움켜쥐며 폭소를 참지 못했다. 그리하여 비행기는 순조롭게 하와이로 되돌아왔다.

이 이야기에서 우리가 알 수 있는 것은 모든 불안·초조·긴장 등의 심리는 일단 그것을 밖으로 표출시켜 폭소화해 버리면 아무런 심적 부담을 주지 않는다는 사실이다.

또한 조리에 맞지 않는 얼토당토않은 논리를 가지고 말하면 웃음이 나

온다. 사람들은 조리에 맞는다고 생각하는 것은 지극히 당연하게 생각하고 있으므로, 부조리한 것을 지적하면 응당 그 황당무계한 논리에 웃지 않을 수 없다.

이 세상에는 실제로 부조리한 것이 숱하다. 우리가 부조리의 정체를 실감하지 못해서 그렇지 도둑과 경관의 공존도 부조리요, 소설가와 평론가가 공존하는 것도 실상 부조리이다. 그러나 사람들은 의식적이든 무의식적이든 부조리를 인식하지 못하고 산다. 그러므로 부조리를 지적하게 되면 사회의 페이소스를 함께 느끼면서 웃음이 나오는 것이다.

앞집 뒷집에 도둑이 들어 불안한 나날을 보내는 부부가 있었다. 부인은 남편을 보고 밤마다 불침번을 설 것을 강요했다. 그렇지 않아도 겁쟁이인 남편은 와락 겁을 내며 전전긍긍하고 있었다. 그러나 다음 순간 무엇을 생각했던지 팔을 걷어붙이더니 방문을 열고 나가는 것이었다. 잠시 후 회심의 미소를 짓고 들어오는 남편을 붙잡고 부인이 궁금하여 물었다.

"여보. 그래, 도둑을 잡았수?"

"아니. 그러나 도둑이 들어올 염려는 없으니까 안심하라구."

부인은 남편의 장담이 궁금하여 방문을 열고 나가 보았다. 웬걸, 대문이 모조리 박살이 나 한쪽 편에 쌓여 있는 것이 아닌가? 부인은 어이가 없어 남편을 다그쳤다. 그러자 남편이 대답하기를,

"여보. 앞집 뒷집 돌아다니며 물어보았더니 대문을 아무리 잘 잠가도 도둑이 열고 들어왔다고 합디다. 그러나 우리 집엔 대문이 없어졌으니 제가 아무리 기술이 뛰어나도 들어올 재간이 없잖소?" 하였다.

이 이야기는 바로 "술은 인류의 적이므로 마셔서 없앤다." 라고 하는 말의 모순과 일맥상통하는 이야기로서 폭소를 자아낸다.

*04

착오를 웃음으로 바꿔본다

어느 날 한 젊은이가 낯선 도시를 걷다가 앞서 가는 사람으로부터 이상한 텔레파시를 느꼈다 선뜻 '이상한걸?' 하면서도 다시금 살펴보니 그는 그렇게도 찾았던 선배였다. 그는 반가움에 뛰어가 그의 어깨를 쳤다.

"하워즈 선배!"

그러나 다음 순간 뒤돌아보는 그 사람의 얼굴은 전혀 다른 사람의 것이었다. 그는 궁지를 모면할 길을 찾지 못했다. 갑자기 웃음이 났다. 그는 할 수 없이 웃음으로써 그 자리를 모면키로 결심하고 "하하하." 웃어 버렸다. 영문을 모르고 섰던 상대도 금새 그의 착각에 의해 저질러진 실수임을 알고 기분 좋게 따라 웃었다. 그리고 그 둘은 악수를 하고 간단하게 차 한 잔을 함께 마셨다.

낯선 도시에서 '설마 아는 사람을 만나랴?' 하는 생각도 있는 한편, 아는 사람을 만나서 얼마나 반가운가 하는 두 가지 생각이 교차되어 즐겁게 상대의 어깨를 두드린 것인데 그것이 전혀 엉뚱한 착오였음을 알고는 웃음으로 곤란한 처지를 모면했던 것이다.

이러한 일은 우리 주변에서 흔하게 일어난다. 레스토랑에서 소금인 줄 알고 설탕을 뿌려 놓고 맛좋은 음식을 기대했다가 킥킥 웃는 사람은 분명 착오의 가정을 웃음으로 해소해 보고자 하는 것이다.

링컨이 어느 날 대통령 관저 앞에서 잡초를 뽑고 있는데 어떤 주지사가 방문했다.

주지사는 잡초를 뽑던 링컨에게 거만스레,

"대통령은 지금 계신가?"

하고 묻는 것이었다. 그렇다고 대답한 링컨은 곧,

"잠시 기다리십시오."

하고 들어가더니 이내 다시 옷을 갈아입고 나와 주지사를 영접하였다. 주지사는 당황할 수밖에 없었다. 대통령 관저를 지키는 수위쯤으로 알았던 사나이가 대통령이었으니 당황하는 것도 무리는 아니었다. 그러나 두 사람은 이내 웃음으로 그 궁색한 자리를 벗어났다.

착각, 착오는 웃음을 유발한다. 우리가 코미디언의 행동을 보고 웃음을 터트리는 것도 그들의 바보스럽고 전혀 기대에 어긋난 착오의 행동을 보고 웃는 것이다. '모든 타임스'란 영화에 나오는 채플린의 연기를 보면 폭소를 터트리지 않을 수 없다. 공장에서 나사를 돌리던 사람이 버스 속에서 연신 나사를 돌리는 흉내를 내느라고 앞사람의 단추를 나사로 오인한다. 이것도 착오의 방법으로 사람들을 웃기게 만든 예화이다.

아무튼 착오의 감정은 수월히 웃음을 유발한다. 이것은 웃음으로 착오에 대한 미안함을 감추려 하기 때문이다.

*05

마음의 여유를 잃지 않는다

인도의 성웅 간디는 이렇게 말한 적이 있다. "나에게 유머를 즐길 수 있는 센스가 없었더라면 아마 자살하고 말았을 것이다." 정신적으로 그렇게 강인할 수가 없었고 강렬한 개성을 지녔던 그도 이렇게 유머를 높이 평가했으며, 이야기할 때는 언제나 의식적으로 유머를 즐겼던 것이다.

유머는 인생을 즐기는 자극제이다. 유머가 없는 삶은 무미건조하다. 유머는 자아의 밖에서 자아를 관조하는 초자아이다. 따라서 젖어 있는 인간 생활에 청량제로서 작용하는 것이다.

회화가 능한 사람은 유머의 사용법을 안다. 유머가 있는 이야기야말로 듣는 사람의 마음을 사로잡고 위로하며 분발시킨다. 직장에 있어서도 유머가 있는 말솜씨는 주위 사람들을 부드럽게 감싸주고 분위기를 밝게 한다.

어떤 비서가 아침 차를 끓이려는데 커피포트가 없어졌다. 그녀는 얼굴을 붉히면서 말했다.

"사장님, 커피포트가 없어졌어요!"

"그래? 걱정 말라고. 내가 곧 커피포트 공장 사장과 사돈을 맺게 되거든."

이런 이야기를 들으면 아무리 까다로운 사무적인 이야기도 쉽게 할 수 있는 무드가 잡힌다. 그리고 커피포트가 없어진 것을 추궁당할지 모른다는 비서의 불안감도 해소시켜 주고 있다. 유머란 상대에 대한 마음 씀씀이며, 그 말 한마디로 주위를 포근히 감싸주는 그런 것이다. 그것은 마음의 여유에서 생겨난다. 각박한 마음에서는 나올 수 없는 것이다. 여기에서 혼동하지 말아야 할 것은 유머가 단순히 '웃기는' 것이 아니라는 점이다. 웃기는 것이라고 착각하고 천박한 표현으로 남을 웃기려는 사람이 있는데, 그것은 결코 유머가 아니다. 그런 것은 나쁜 뒷맛을 남길 뿐이다.

유머에는 우아함이 있어야 한다. 그러기 위해서는 교양이 있어야 한다. 교양이란 마음의 풍요함이며, 남을 헤아리는 깊은 마음가짐이다. 학력이 높을지라도 교양 없는 사람은 얼마든지 있다. 학력을 코에 걸고 다니는 사람은 바로 교양이 없다는 증거이다. 자식을 자랑하는 사람 또한 같다. 교양 있는 사람이란 상처받기 쉬운 상대의 마음을 헤아릴 줄 아는 섬세한 신경을 가진 사람이다. 따라서 훌륭한 대화자란 다음과 같은 조건을 갖추어야 한다.

- 듣는 사람의 심경을 헤아린다
- 말하기 전에 부드러운 마음가짐을 잊지 않는다
- 알기 쉬운 표현을 사용한다
- 풍부한 교양을 갖춘다
- 타이밍에 맞추어 이야기 한다

이러한 조건을 생각하면서 이야기하는 습관을 들이면 틀림없이 당신의 대화 능력도 향상될 것이다.

무엇보다도 마음의 여유를 잃지 말라. 마음의 여유가 있어야 유머가 나오기 때문이다.

*06

미소로 **호의**를 보인다

인간이란 모르는 사람과 만날 때, 어떤 불안감 같은 것을 느끼게 되는 법이다.

개나 고양이도 그렇다. 모르는 고양이끼리는 등을 구부리고 경계하면서 조심스럽게 접근해 간다. 그러다가 무엇인가를 하고 있는 사이에 서로 친구가 되는 것이다.

사람 사이에는 이러한 불안감을 해소시켜 주는 것은 만나자마자 미소로 나타내는 말없는 환영이다. 미소는 호의의 표시이기 때문이다. '당신과 만나게 되어 반갑습니다.' 또는 '당신과 이야기하게 되어 기쁩니다.' 하는 것을 의미한다.

한스는 불행하게도 보기 흉한 얼굴로 태어났다. 어른이 되어서도 그 얼굴은 변하지 않았다.

그는 남들이 자기의 얼굴을 볼 때마다 불쾌감을 감추지 못하고 고개를 돌려버리는 모습에서 얼마나 가슴 저미는 슬픔을 느꼈던가? '신은 왜 나의 얼굴을 이렇게 만들었는가?' 하고 얼마나 탄식했던가?

슬프게도 그는 자기의 얼굴과의 쓰라린 싸움으로 일생을 보냈다. 그는 죽기 직전에 한 통의 유서를 남겼다.

'나의 생애 중에서 단 한번 나에게 따뜻한 미소를 보내 준 페티에게 나의 유산 전부를 남긴다.'

인간 누구나 어두운 것을 싫어한다. 어두운 것에는 생리적인 혐오감을 느끼기 때문이다. 이 세상의 슬픔을 자기 혼자 짊어지고 있는 듯한 얼굴을 보면 주위 사람들까지 슬퍼진다. 값비싼 액세서리를 달고, 유행의 첨단을 걷는 옷을 입었더라도 어두운 얼굴에는 호감을 느낄 수가 없다. 비록 헐벗었다 하더라도 미소 어린 사람은 주위 사람들까지 즐겁게 한다.

"미소요? 그게 뭐 그렇게 대단한 것입니까?"

하고 간단하게 말해 버리는 사람이 있다.

그리고는 얼굴의 근육을 움직여 보인다. 그러나 그런 표정은 마음속으로부터 우러나는 미소가 아니다. 미소란 상대에게 호감을 가지고 있다는 마음의 표현인 것이다.

사물을 보고 사람을 볼 때, 그가 가지고 있는 마이너스 면만을 보는 사람이 있다. 그래서는 참다운 밝음이 생겨날 수 없다.

햇빛이 비치는 곳에서 보면 밝지만, 반대편에서 보면 어두울 수밖에 없는 것이다. 당신은 어느 편에서 사람을 보고 있는가?

"나는 유쾌하지 못하므로 표정이 우울합니다."

하는 사람도 있다. 이것은 분명히 사실일 것이다. 그러나 세상은 당신 혼자서 살아가는 것이 아니다.

당신이 유쾌하지 못하다 해서 주위 사람들까지 유쾌하지 못하게 만들 권리는 없는 것이다.

"슬프기 때문에 우는 것이 아니라 울기 때문에 슬픈 것이다."

라고 했던 윌리엄 제임스의 말을 생각해 보자.

처음 짓는 미소는 가면일지 모른다. 그러나 이것이 드디어 실체가 된다. 호의를 완벽하게 나타내는 것은 당신의 넘쳐흐르는 미소임을 잊지 말라.

*07

유머를 적절히 사용한다

대화에 있어서 유머의 삽입은 논쟁을 예방하고 격의를 없애주며 상대를 부드럽게 감싸 불만을 해소시켜 주는 데 효과가 크다.

특히 의사 소통에 장애가 생겨 서로 화를 내게 되었다거나 대화가 단절되었을 때의 역할은 커다란 것이다.

만약 어떤 일에 의견을 일치시키지 못하여 불만이 싹트게 되면 먼저 웃으며 난국을 타개하려는 노력을 하라. 대개 사람들은 큰일보다 사소한 일에 신경을 쓰고 화를 내기 쉽다.

웃음은 외형적으로 나타나는 형식이다. 따라서 말이 내용이라면 유머는 내용을 가꾸어주는 형식이다. 형식이 내용의 결점을 보완하고 새롭게 전개시키는 것이다.

칼라일은,

"진실된 유머는 머리로부터 나온다기보다 마음에서 나온다. 말의 노예가 되지 말라. 남과의 언쟁에서 화를 내기 시작하면 그것은 자기를 정당화시키기 위한 언쟁이 되고 만다."

라고 하여 언쟁이 일어났을 경우에 미소의 힘을 최대한 활용하여 언쟁의 요소를 둔화시키라고 하였다.

상대가 욕구불만의 상태에서 대화를 회피하거나 우호적인 분위기를 깨뜨리려고 획책한다면 유머의 힘으로 상대의 불만을 중화시키려는 노력을 기울여야 한다. 유머란 어떤 불만도 해소시킬 수 있는 힘을 지니고 있기 때문이다.

사케리는,

"멋진 유머란 사교 무대에서 입을 수 있는 의상보다 훨씬 멋진 장식이다."

라고 말하여 상대에게 만족을 주는 최대의 효과를 가져다주는 것은 유머라고 했다.

블루스 버튼도,

"인간이란 무언가 재미있는 이야기에 일단 따라 웃으면 그 사이가 곧 돈독해진다."

라고 말했다. 이들의 말에는 모두 유머의 진가가 잘 표현돼 있다.

유머의 바탕에는 따뜻한 휴머니즘이 깔려 있다. 그러나 빈정거림에는 그와 반대로 비정함과 냉담함이 있다. 유머라는 말에는 원래 인간의 기질이라든지 기분이라는 의미가 복합되어 있다.

현대사회는 메마른 곳이다. 합리적인 능률주의가 일반적인 정신이다. 사회가 메마르면 메마를수록 더욱 풍부한 인간성과 유머가 필요하다.

최근의 기업들은, 종업원을 기업이라는 거대한 기계의 톱니바퀴라고 생각하던 입장에서 벗어나 새로운 인간 관계를 설정하고자 땀을 흘리고 있다.

*08

웃음 제조기가 된다

"사람은 자기를 좋아하는 사람을 좋아한다."

5백여 년 전 로마의 시인 사이러스가 말했다. 어떤 사람이라도 그 자리를 즐겁게, 마음을 행복하게 이끄는 유머의 진원이 자기인 것을 알면 기뻐한다.

자기가 매력적이요 웃음을 창조할 수 있는 원동력이라는 사실은 그만큼 즐거운 것이다.

"저는 당신을 좋아합니다. 당신은 언제나 저에게 웃음을 선사하는 분이에요."

이런 말을 듣고 즐거워하지 않을 사람이 있을까?

하버드 대학의 제임스 교수는,

"행동에 감정이 뒤따르는 것처럼 보이나 사람은 그렇지가 않다. 행동과 감정은 동시에 일어난다."

라고 지적한다.

제임스 교수의 이론대로라면 감정이 움직이면 행동이 즉시 이에 수반한다는 것이다. 따라서 자기를 보면 즐거워진다는 이야기를 들으면 감정의 움직임을 불러오고 곧 자기도 뒤따라 미소를 짓게 되는 것이다.

　유머를 모르는 사람을 상대할 때라면 테크닉을 써서라도 웃음을 유도할 일이다.

　한 여사원이 있었다. 그녀가 다니는 회사는 광고기획업체여서 사무실이 정신없이 어지러운 반면 직원간에 말이 없었다. 그러므로 재치 있는 위트나 유머를 즐기지 못하는 것을 아쉽게 생각하던 그녀는 사무실에 호랑이로 불려지는 기획실장을 선택하여 유머 작전을 펴보기로 작정했다.

　기획실장은 평소 말도 잘 안할 뿐 아니라 신경이 몹시 예민하여 부하 직원에게 따뜻한 말 한마디도 건넬 줄 모르는, 이른바 목석 같은 사나이였다. 그녀는 나의 자문을 얻어 다음날 출근 시간에 기획실장과 마주치자,

　"실장님, 오늘 아침에는 웬일이세요? 얼굴에 생기가 넘치시네요. 기분 좋은 일이라도 있으세요?"

　하고 말했다. 기획실장은 어리둥절하여,

　"뭐, 내가?"

　하면서 계면쩍은 표정을 짓는 것이었다. 그녀는 이 기회를 놓치지 않고 말했다.

　"네, 정말 실장님 얼굴을 보니까 마음까지 밝아지는 것 같은데요."

　실장은 그제서야 앞뒤 사정을 알고는 그 뒤로 줄곧 웃는 낯을 잃지 않았다.

　사람은 어디에서든지 남들의 주목받기를 바란다. 비록 나쁜 이미지가 아니라면 무슨 일에서든지 남들의 시선을 모으려고 한다.

그러므로 사람들에게 즐거움을 주는 '스마일 메이커'라는 칭호를 받으면 더욱 즐거워한다.

포드 자동차 회사의 세일즈맨으로서 판매 계통에서는 베테랑으로 평가받는 맥카베는 대인 관계의 비결을,

"첫걸음을 미소로 시작하여 최후의 순간까지 미소를 잃지 않는 것."

이라고 말하고 상대에게 계속 미소를 보내면 누구든지 '내가 남에게 기쁨을 주는구나.' 하는 마음에 사로잡혀 즐거이 상담에 응한다고 한다.

이 테크닉을 사용하면 상대가 어떤 성격의 소유자일지라도 효과를 얻을 수 있으며 감정을 자발적으로 열어놓게 만들 수 있다.

또한 반대나 거절을 하는 경우 외에도 어려움을 벗어나야 할 경우 유머는 그 위력을 발휘해준다. 또 사람에게 수치심을 주지 않기 위해, 혹은 죄스러운 생각을 갖지 않게 하기 위해서도 유머를 쓰는 경우가 있다. 누구나 자신의 실패를 정면에서 지적당하게 되면 창피한 생각에 얼굴이 빨개지지만 유머의 형식을 빌어 적당히 지적하면 웃음으로 받아들일 수 있는 것이다.

*09

실수도 **되풀이**하면 웃길 수 있다

사정이 급하여 공중화장실에 뛰어들어간 청년이 '숙녀용'이란 팻말을 보지 못하고 게다가 노크도 없이 화장실의 문을 와락 열어제쳤다. 그런데 공교롭게도 한 아리따운 아가씨가 열심히 일을 보고 있는 것이 아닌가? 당황한 청년은 엉겁결에 문을 도로 닫고 미안해 어쩔 줄을 모르다가 정식으로 사과를 한답시고 다시 문을 열더니,

"이거 정말 미안하게 됐습니다."

하고 고개를 꾸벅했다.

이쯤 되면 한 번의 실수가 아닌 연속적인 실수인데 그러나 사실 상대를 웃긴 것은 이 두 번째의 실수 때문이었다.

화장실 안의 처녀는 처음에는 어이가 없고 불쾌했으나 두 번째의 실수를 되풀이하는 청년의 엉뚱함에 질겁하는 동시에 그만 폭소를 터뜨리고 마니까.

단 한 번의 실수는 인생을 그르치게 할 수도 있다. 비록 그 실수가 아주 사소한 것이라 할지라도 충격을 가져다주는 정도의 차이만 있을 뿐이기 때문이다. 그러나 똑같은 실수를 두 번 저지르면 아무리 강심장의 소유자라도 웃지 않을 수 없다. 처음에는 고의적이고 나쁜 마음에서 저지른 것으로 알았으나 두 번째도 똑같은 실수를 저지르는 것을 보고는 악의가 없었고 고의적이 아니었음을 알기 때문이다.

두 사람의 친구가 있었다.

와이즈는 아침부터 큰아들이 속을 썩여 화를 참으며 회사에 출근했고, 디볼드는 아들이 대학에 합격했다는 소식을 전해와 기분이 만점인 상태. 디볼드는 출근 즉시 시무룩해 있는 와이즈에게 아들 자랑을 하는 것이었다.

"어이, 이번에 우리 아들녀석이 하버드 법대에 합격했네."

그리고 연신 즐거운 듯 지껄이더니,

"어때, 그래도 자네 아들이 우리 아들보다야 똑똑하지 않았던가?"

오이즈는 디볼드의 말에 입맛이 쓴 듯 더욱 불쾌해지고 말았다.

"축하하네. 그러나 이제 그 얘긴 그만 하라구."

딱딱하게 대답하고 나서 와이즈는 다시 자기의 일에 몰두했다. 생각 같아서는 디볼드에게 화풀이라도 하고 싶었으나 꾹 참고 말았던 것이다.

그런데 디볼드가 다시,

"이봐, 자네 아들도 법학을 전공할 거지? 어때. 우리 누구 아들이 먼저 고시에 패스하나 내기할까?"

와이즈는 그만 웃고 말았다. 너무도 사정을 모르면서 떠들어대는 디볼드가 우스웠기 때문이다. 와이즈로 봐서는 디볼드의 자랑은 마음에 상처를 주는 실수인 것이 틀림없다. 그러면서도 디볼드는 자꾸 되풀이하여 남의 속을 긁어 놓으니 이젠 실수라고 생각하기보다 웃음이 나왔던 것이다. 실수가 되풀이되면 웃음이 유발된다. 아무리 심한 실수라도 계속하면 유머로 인정된다.

TV에서 기사를 해설하던 아나운서가 그만 시간이 됐음을 알리는 사인을 받고 당황한 탓에,

"아, 시간이 다 되었군요. 그만하랍니다. 그럼……"

하다가 아직 15초쯤 남았다는 PD의 황급한 사인을 재차 받고는,

"아, 시간이 남았다는군요. 그럼 재미있는 프로를 소개해 드리겠습니다."

하고 잠시 음악회에 관한 서두를 꺼냈다. 그러다가 시간이 다 되었다는 마지막 사인을 받자 이렇게 말했다.

"하여튼 이런 것들입니다. 그럼 안녕히 계십시오."

시청자는 배를 잡고 폭소를 터뜨렸다.

제10장

깊은 인상을 남기는 비결

*01

자세를 바로한다

이야기를 할 경우 대개가 무엇을 말할 것인가. 말하는 것에 관해 상대는 어떻게 생각할 것인가에 대해서만 마음을 빼앗기기 쉽다. 그러나 실제로 말을 할 때 상대는 항상 당신을 지켜보고 있다. 당신의 일거수 일투족에 주목한다. 즉 당신의 이야기는 들려지고 있는 동시에 보여지고 있는 것이다. 그리고 상대는 청각보다 시각에 훨씬 강렬하게 자극받는다. 라디오보다 텔레비전이 훨씬 강한 인상을 주는 것도 그 때문이다.

사람들은 먼저 당신의 걸음걸이를 보고 '저 사람은 당황하고 있군. 좋은 내용은 기대하기 힘들겠는데…….' 하고 평가한다.

따라서 이야기를 시작하기 전에 듣는 사람은 당신의 자세를 보고 이야기의 수준, 신뢰할 수 있을 것인가의 여부를 정해 버린다는 사실을 잊어서는 안 된다.

그러나 말하는 내용에만 온 신경을 집중한 나머지 자세가 주는 영향을 생각지 못하는 사람이 너무나 많다.

처음으로 많은 사람 앞에 서서 말하는 장면을 생각해 보자.

다리가 떨리고, 손을 주머니에 넣고 뒤지기도 하며, 손으로 머리카락을 쓰다듬거나, 온몸이 전후 · 좌우로 움직인다.

이것은 모두가 불안의 표현이다. 듣는 사람들이 '자신이 없다는 증거'라고 평가해 보더라도 어쩔 수 없다.

그렇게 되면 내용이 아무리 훌륭하다 하더라도 듣는 사람 편에서는 그 말을 신뢰하고 싶은 기분이 들지 않는다. 내용과 자세가 일치하지 않기 때문이다.

사람들 앞에서 이야기할 때는, 속으로 아무리 당황하고 걷잡을 수 없는 불안감이 엄습하더라도 겉으로는 절대로 이를 나타내지 말아야 한다. 그러면 점차 마음이 가라앉아 제대로 이야기할 수 있다는 기분을 갖게 될 것이다.

자세가 바로잡히면 저절로 이야기도 바로잡힌다. 자세가 마음을 다스리기 때문이다.

이것은 비단 자신을 정비할 뿐만 아니라 듣는 사람에게도 '저 사람은 마음 든든하다. 이야기도 잘할 것이고, 그 내용 또한 신뢰할 수 있을 것임에 틀림이 없다.'라는 기분을 갖게 한다.

이야기뿐만 아니라 이것은 인간의 모든 행동에 적용되는 인간 관계의 원리 아니겠는가?

행동이 형식을 만들어 가는 것이지만, 형식 또한 행동을 이끌어 간다는 사실을 잊지 말아야 한다.

야구 타자가 슬럼프에 빠져 있을 때는 반드시 자세가 흐트러져 있다. 그러나 좋은 배팅이 나올 때는 반드시 자세가 바로잡혀 있다. 좋은 자세가 무리 없이 신체의 힘을 발휘시키며 보기에도 아름다운 법이다. 자신 있는 자세를 취함으로써 저절로 이야기에도 자신이 생기는 것이다.

시선을 포착한다

무엇인가 이야기할 때, 멋쩍은 기분 때문에 듣는 사람의 얼굴을 보지 않고 아래를 내려보거나 천장을 쳐다보면서 말하는 사람이 적지 않다. 그러나 듣는 편에서는 자기를 보지 않고 말한다면 무시당하는 것 같은 기분을 갖게 될 것이다. 어떠한 경우에도 듣는 사람의 시선을 잡아둔다는 것은 무엇보다도 중요한 일이다.

많은 사람을 대상으로 이야기할 때는 두려움이나 부끄러움 때문에 듣는 사람과 시선을 마주치지 않으려 하는 것이 일반적인 현상인데, 이런 경우에는 청중의 머리를 보는 것이 좋다.

머리라면 공포심이나 저항감은 생기지 않으리라. 듣는 편에서도 당신이 자기들을 보고 있다고 생각한다. 게다가 머리를 보는 것만으로도 자기 이야기의 반응을 알 수 있다. 즉 머리들이 가지런히 내 쪽을 향하고 있으면 이야기를 듣고 있다는 증거이고, 머리들이 전후·좌우로 움직이고 있다면 이제 이야기는 끝을 맺어야 한다. 내 이야기에 싫증을 낸다는 반응이기 때문이다.

머리를 보는 것에 익숙해지면 이번에는 열중하고 있는 사람을 찾아내야 한다. 청중 속에는 반드시 당신의 이야기에 마음속으로 박수를 보내고 있는 사람이 있다. 그런 사람은 당신 편이므로 그 사람에게 시선을 보내야 한다. 그러면 '내 이야기를 들어주고 있다.' 는 용기가 생겨나게 되어 쉽게 이야기를 진행시켜 나갈 수 있기 때문이다.

그러나 한 걸음 더 나아가 이야기하는 경험을 쌓는다면 정중한 한 사람 한 사람의 시선을 파악할 수 있다.

'눈은 마음의 창문' 이라고 하지 않는가? 눈에는 그 사람의 기분이 나타나 있는 법이다.

시선을 정확히 포착함으로써 지금 나의 이야기를 어느 정도 경청하고 있는가, 어느 정도 이해하고 있는가를 분명히 파악할 수 있다.

부끄럽다고 해서, 멋쩍다고 해서 청중과 시선이 마주치지 않으면 내 이야기의 반응을 측정할 방법이 없다.

말이란 살아 있는 것이다. 말하는 사람도 말하면서 변화하고 있고, 듣는 사람의 기분 또한 변화하고 있다.

준비해온 원고를 그저 '낭독' 하는 사람은 원고만을 보느라 청중을 보지 못하기 때문에 청중의 변화를 읽을 수가 없다. 따라서 그 이야기는 죽은 것이 될 수밖에 없다.

청중을 본다는 것은 변화하고 있는 청중의 마음을 포착하고 있다는 것을 의미한다. 그렇게 하면 다음 이야기는 당연히 거기에 맞추어진다. 이럴 때 비로소 이야기는 살아 있는 것이 된다.

시선을 포착함으로써 권태로워하는 청중을 일깨우는 것은 말을 하는 사람에게 있어서의 최대 난관을 돌파하는 것이다.

죽은 이야기에서 살아 있는 이야기로 사선을 넘는다는 말이다.

*03

비굴한 자세는 취하지 않는다

    상담을 할 때나 대화를 할 때 저자세로 일관하면 비굴하게 보일 수 있어 사람들의 미움을 사기 쉽다. 상대의 미움을 사면 마음을 움직일 수가 없고, 마음을 움직이지 못하면 협조란 기대할 수도 없다.

    사람은 덕이 부족한 경우에 저자세가 되고 비굴하게 보인다.

    셰익스피어도,

    "덕이 없으면 덕을 상상해서라도 키워라."

    라고 말했다.

    덕이 없는 사람에게 협조하고자 하는 사람은 없다. 덕이 있으면, 상대에게 도움을 줄 수 있는 여유와 능력을 지닌 것으로 보이므로 협조를 얻을 수 있다.

    협조의 부탁에는 이러한 우월감이 깃들어 있어야 한다. 아무리 훌륭한 말이라도 어느 정도의 우월한 기분이 배어 있지 않으면 효과를 기대하기 어렵다.

입에 발린 달변과 능수 능란한 웅변으로 상대를 설득하여 협조를 얻기보다 신뢰감을 보이면 훨씬 설득력이 있다.

천하 제일의 사기꾼이라도 자기의 집에서까지 비굴한 웃음을 짓지는 않을 것이다.

적어도 가족들 앞에서는 위엄을 갖추어야 가장으로서 영향력을 발휘할수 있기 때문이다. 마찬가지로 특히 상대의 협조를 구하는 데 있어서는 절대로 비굴한 태도로 임해서는 안 된다.

"짐이 곧 국가이다."

라는 명언을 탄생시킨 프랑스는 20세기에 또다시,

"내가 곧 프랑스이다."

라고 외친 드골을 탄생시켰다.

1961년 1월 드골은 친구들로부터 방금 시작된 국민투표에서 사람들을위해,

"감사의 뜻을 전해야 되지 않겠는가?"

라는 질문을 받고,

"어떻게 프랑스가 프랑스에게 감사의 뜻을 표한단 말인가?"

라는 거만한 응답을 했다.

하지만 드골은 국민들 사이에서 거만한 지도자로 군림한 것이 아니라신망과 절대적 힘을 지닌 지도자로 영원히 부각되었던 것이다.

〈신념의 마력〉의 저자 브리스톨은,

"상대를 움직여 협조를 얻고 싶을 때는, 고자세의 집념으로 꼭 상대의협조를 얻겠다는 자세를 가지고 일관하라."고 가르쳤다.

아무리 어려운 협조와 동의를 구할 때라도 아첨의 분위기로 접근하면실패의 확률이 높다. 상대가 마음에 끌려 하는 요소란 바로 내 자신의 신념과 굳은 의지라고 생각할 일이다.

*04
여운을 남겨둔다

대화에 있어서도 가장 강조하고자 하는 말은 최후에 하는 것이 강한 인상을 남길 수 있다.

대개 처음과 끝은 어떠한 일이라도 가장 힘들다. 특히 이야기의 끝을 어떻게 마무리지어 상대의 마음에 깊은 인상을 주는가 하는 문제는 보다 더 어려운 일임에 틀림이 없다. 대화의 결과가 최후의 한마디에 좌우되기 때문이다.

설전이 심각하게 전개되어 돌이킬 수 없을 정도로 인간 관계가 악화되었다 하더라도 헤어지는 순간에,

"어쨌든 미안하네. 모든 것이 내 불찰이야."

라고 한마디하면 그때까지의 악화된 감정이 곧 사라지는 효과를 얻을 수 있다. 이것을 심리학에서 잔존 효과라고 한다.

명 연설가들은 미리 끝맺음의 말을 생각해서 청중들이 마지막의 단 한마디 말에 명확한 인상을 받도록 되풀이해서 외우고 했다. 그들의 이 방법

도 잔존 효과를 이용한 것이다.

남북전쟁의 전운이 서서히 싹트고 있을 때, 노예 사람들을 위해 링컨은 최후의 연설문을 준비했다.

'내전이라는 중대 문제의 열쇠를 쥐고 있는 것은 내가 아닙니다. 정부는 여러분을 공격하지 않습니다.……(중략) '평화'냐 '칼'이냐의 엄숙한 문제는 여러분 것이며 나의 것은 아닙니다.'

그러나 이 초고를 본 국무장관 슈워드는 연설문의 끝이 너무 무뚝뚝해서 인상적이지 못하고 극적 변화가 너무 일찍 일어났다고 지적하는 것이었다.

그리하여 슈워드의 충고를 받아들인 링컨이 추고한 원고를 보면 훨씬 우아하면서도 평화를 추구하자는 그의 심중이 강하게 드러나 있다.

'나는 얘기를 끝맺고 싶지 않습니다. 우리는 적이 아니라 친구입니다. 우리는 적이 되어서는 안 됩니다.……(중략)……추억의 신비스러운 악기의 현이 우리의 선천적인 선(善)에 다시 스칠 때……그 시기는 반드시 올 것이지만……합중국의 코러스가 높이 울려 퍼질 것입니다.'

링컨은 '평화냐 칼이냐' 하는 표현으로 평화를 강조한 것으로 생각했으나 듣는 입장에서 보면 평화의 마음을 읽기가 어려웠다. 그러나 추고에서 보여준 '합중국의 코러스'란 끝말은 잔존 효과를 최대한 이용한 것으로서 앞서 문장의 말과 중간에 나왔던 강한 설득과 강요의 내용이 끝에 가면서 평화의 이미지로 바뀌는 인상 깊은 말이다.

*05

상대가 **예상치 못한 일을** 한다

인간 관계에 있어 전혀 예기치 않던 일을 당하면 이미 머리 속에 그려져 있던 기존 관념은 생각하지 않게 되고 색다른 기분을 느끼게 마련이다.

더욱이 예기치 않던 일이 자기를 즐겁게 하거나 마음을 끌어당긴다면 상대는 당신에게서 신선한 인상을 받게 된다.

파격의 미라는 것은 예술에서뿐 아니고 인간의 감정에도 깊은 영향을 주는 것이다.

일상적인 우리의 인간 관계란 대부분이 도식적인 범주에서 벗어나지 못한다.

생활에 쫓기게 되고 보다 빠르게 움직여야 하기 때문에 상대를 새로운 감각으로 접촉하기란 그리 쉬운 일이 아니다.

그러므로 당연한 형태로 이루어져야 할 대화에서도 전혀 새로운 행동을 접근하여 상대의 마음을 흡족하게 만들면 인간 관계에 유리해지는 경우가 적지 않다.

여기서 예기치 못했던 일이란 언어·행동을 말한다.

늘상 쓰던 거리감 있던 호칭을 갑자기 친밀감이 깃든 말씨로 바꾼다든지 걸음걸이에 박력을 주어 변화를 가져볼 일이다.

틀림없이 어제와 다른 오늘의 변화가 상대의 눈에 띌 것이다.

전혀 예상치 않던 행동으로 오늘날까지도 인용되는 재미있고 인상적인 이야기가 있다.

1492년 미국 대륙을 발견한 콜럼버스는 거국적인 환영을 받았다. 그런데 일부에서는 그 인기를 시샘해서, "신대륙을 발견이라고 떠들 건 없어. 누구든지 서쪽으로 배를 몰고 가기만 하면 발견할 수 있었던 거야."

하고 비꼬았다. 콜럼버스는 연회석상에서 이런 비아냥거림을 듣자 잠자코 테이블 위에 놓인 달걀을 하나 집어들더니 청중을 돌아보고,

"이 달걀을 세워 보시오."

하는 것이었다.

시샘하던 무리들은 그 달걀을 세워보려고 무던히도 애썼으나 둥근 달걀이 세워질 리 없었다.

그것을 본 콜럼버스는 달걀을 집더니 한쪽 끝을 테이블에다 툭 쳐서 깨뜨린 후 세우는 것이었다. 그 광경을 본 모든 사람들이,

"그런 식이라면 나도 할 수 있다."

하고 소리쳤다. 그러자 콜럼버스는,

"물론 누구나 할 수 있는 일입니다. 하지만 여러분들은 누구도 이런 방법을 생각해내지 못했습니다. 신대륙의 발견도 이와 같은 것입니다. 누가 먼저 생각해 내었느냐가 문제지요."

하며 부드럽게 말했다.

사람들은 콜럼버스의 이 예상치 못했던 행동과 말에 강렬한 인상을 받

고 그 후로는 콜럼버스를 비웃지 못했다.

상대에게 강한 인상을 주는 방법에는 여러 가지가 있겠으나 직접적으로 반응을 나타낼 수 있는 것은 바로 상대가 예기치 못한 언어·행동을 하는 일이다.

빡빡 깎은 대머리로 전세계 영화팬에게 강렬한 인상을 남겨준 명우 율 브린너도 무명의 시절이 있었다. 어느 날 그는 갑자기 사람들에게 강한 인상을 줄 수 있는 방법을 궁리하다 머리를 삭발키로 결심하였다. 그리고 결과적으로 그것은 사람들에게 깊은 인상을 남겨주게 된 계기가 되었다.

인간 관계에 신선감을 주는 것은 대화의 신선미에 있겠지만 행동도 함께 한다면 더욱 강한 인상을 심어줄 것이다.

*06

언어를 시각화한다

　말을 하고자 하는 내용 속에 시각적 요소가 많으면 많을수록 인상을 강력하게 심어줄 수 있다. 사람은 언어를 전달하고 받아들이는 데 있어 동작의 보조를 받는다. 그러므로 말의 내용을 충실히 전달하기 위해서는 언어를 동작과 얼마만큼 조화시키느냐에 유의해야 한다.

　다시 말하면 언어를 제대로 시각화하면 상대가 이해하기에 수월하다는 것이다. 그러나 언어의 시각화란, 언어와 조화되지 않는 이상스러운 몸짓을 크게 하는 것과는 다르다. 말을 듣고도 영상이 머릿속에 그려질 수 있는 시각적 언어를 찾아 사용하라는 말이다.

　이 시각적 언어에 대한 이야기로는 데일 카네기의 유명한 에피소드가 있다.

　한때 카네기가 세일즈맨으로 취직하여 지방을 전전할 때였다.
　그는 한 기차역에서 기차를 기다리고 있었다.

기차를 기다리다 무료해진 그는 역 구내를 빙글빙글 돌면서 셰익스피어의 〈햄릿〉 중에서 한 대목을 몸짓을 섞어 혼자 읊조리고 있었다.

"아, 저기 단검이, 저기 보이는 것은 칼, 자루가 이쪽을 향해서, 자, 빼앗아 쥐자. 쥐어지지 않는구나……."

하면서 중얼거리고 있자니까 갑자기 경찰 하나가 달려오더니,

"아니 어째서 당신은 여성을 협박하는 거요?"

하며 꾸짖는 것이었다.

이렇게 볼 때 말의 전달은 시각적 요소에 의해서 좌우된다는 것을 쉽게 느낄 수 있다.

에드워 협바드는,

"연설에 있어 사람의 마음을 끄는 것은 말이 아니라 태도이다."

라고 해서 말에 시각적 요소를 가미시키는 노력이 필요하다고 강조했다.

레코드 상점 주인이 손님에게 특정 레코드를 소개할 때 대개는,

"이걸 들으시죠, 교향곡 전집으로 새로 나온 레코드예요."

하는 데 그칠 것이다. 그러나 이 소개의 말에 시각적 요소를 삽입시킨다면,

"이 교향곡 전집은 봄, 여름, 할 것 없이 사시사철의 분위기가 고루 삽입되어 있어요. 때에 따라 들을 수 있다는 장점이 있죠."

가 될 수 있다. 이렇게 한다면 손님의 머리 속에 계절의 다양한 모습이 그려지게 되어 청각에 호소해야 하는 음악이지만 시각적 흥미를 느끼게 된다.

신체적으로도 눈과 뇌를 연결하는 신경이, 귀와 뇌를 연결하는 신경보다 훨씬 굵다. "백 번 듣는 것보다 한 번 보는 것이 더 낫다."라는 속담은 시각적 요소의 장점을 대변해주는 말이다.

*07
이름을 외워둔다

상대의 이름을 기억하는 것은, 능력을 인정해 준다거나 깍듯이 예의를 갖춘다거나 하는 모든 처세보다 훨씬 더 상대의 존재를 인정하는 것이다.

인간의 모든 행동의 배후에는 '중요한 존재가 되고 싶다.' 는 욕망이 잠재해 있다.

갓난아기는 자기에게 관심을 두어 달라고 울며 보채고, 어린이는 주의를 끌기 위해 장난을 하며, 유행의 첨단을 걷는 여성은 사람들의 시선을 모으려고 한다. 상대의 이름을 기억하여 존재를 인정해 준다는 것도 강한 인상을 상대에게 남기기 위한 첫걸음이다.

이 세상의 모든 사물, 하다못해 꽃 한 송이와 짐승 한 마리라도 이성의 관심을 끌기 위해 치장을 하고 포효한다. 그러나 인지가 발달한 사람의 경우에 있어서는 이름을 기억해 주는 것이 가장 중요하다.

사람은 자기의 이름을, 모든 말 가운데 가장 자랑스럽고 존귀한 것으로 여긴다.

카네기의 성공 비결은 무엇인가? 그는 어릴 적부터, 인간들이 자기 이름 석 자에 대해서 비상한 관심을 갖고 있다는 데 착안하여 그들의 협력을 얻었다.

카네기 못지 않게 루스벨트도 사람들의 호감을 얻는 가장 평범하면서도 중요한 방법으로서 이름을 기억하는 데 대단한 관심을 기울인 것으로 유명하다.

그런가 하면 고등학교 문턱에도 가보지 않았던 짐 펄리가 우정장관이 되었던 비결도 여기에 있다.

짐 펄리는 석고회사의 외무판매원으로 각지를 다니면서 고객의 이름을 기억하는 방법을 고안해 낸 루스벨트가 대통령 선거를 치를 때 그의 선거 참모로서 매일 수백 통의 편지를 썼다.

그는 지방 순회 강연이나 집회에 참석한 사람들의 이름을 일일이 기억하여 정성스런 편지를 보냈던 것이다. 짐 펄리는 무려 5만 명의 사람들의 이름을 기억하고 있었다.

나폴레옹 3세는 자기야말로 타인의 이름을 가장 많이 기억하고 있다고 공언한 바 있다.

그의 이름 기억법은 간단했다. 상대의 이름을 분명히 알아듣지 못했을 경우에는,

"미안하지만 다시 한번 말씀해 주십시오."

하고 정중히 부탁했다. 만약 그 이름이 기억하기가 어려우면 한 자 한 자 또박또박 되물었다. 그리고 이야기하는 도중에 몇 번이고 상대의 이름과 용모를 연결하여 기억하려고 애썼다.

이름이라는 것을 하나의 기호로 보아서는 안 된다. 이름 하나 하나에

담겨진 사람들의 한없는 집착과 관심을 읽을 일이다. 누구든지 타인에게서 이름이 잊혀졌다는 것은 자기의 존재가 잊혀진 것으로 생각한다. 그러므로 상대의 이름을 자주 불러 관심도 강조해주면 그는 강한 인상을 받게된다.

제11장

논쟁에서 이기는 비결

*01
상대의 공격에 사전 대비하라

사전 준비에 만전을 기하고 있으면 어떠한 공박도 쉽게 격퇴시킬 수 있는 마음의 여유가 생긴다. 논쟁에 임할 때는 자기의 무기를 세밀히 분해? 소제하듯 전투 태세에 조금이라도 허점을 내포하지 않아야 한다.

아무리 대화에 능숙하고 논쟁에 익숙한 사람이라도 상대를 제압해 버릴 사전 준비를 철저히 하지 못하면 실패를 피할 수 없다.

특히 논쟁은 감정적으로 되기가 쉬우므로 감정이 고조되면 준비에 충실치 못했던 사람은 감정에 사로잡혀 억지를 쓰게 된다.

그러나 구체적 증거, 사실을 일목요연하게 풀어 말할 수 있는 사람은 결코 감정에 사로잡히지 않는다. 조사 자료를 철저하게 이용할 줄 아는 사람은 논쟁에서 승리할 수 있는 사람이다.

또한 상대의 성격을 잘 알고 대비하는 것도 '워밍업'이다.

상업 미술가인 피어리넌드 E. 워렌은 까다롭고 신경질적인 미술품 구매자와의 논쟁에서 이 방법으로 호감을 얻는 데 성공했다.

한 구매자가 상대의 사소한 실수를 찾아내서 그것을 지적하여 즐기는 악취미를 갖고 있었다. 워렌은 그의 이러한 성격을 연구하여 대처 방법을 사전에 준비했다. 어느 날 그 구매자가 찾아왔다. 그는 어김없이 한 작품을 지적하더니 저것은 벼락치기로 끝낸 것이라고 비난을 퍼부었다. 그리고는 비난할 기회를 얻은 데서 대단히 만족한 듯한 표정을 지었다. 여기에서 워렌은 즉시,

"선생님의 말씀을 듣고 보니 모두 저의 실수입니다. 저의 큰 과오에 대하여 변명할 면목이 없습니다. 참으로 부끄럽습니다."

라고 말해 주었다. 그러자 상대는,

"당신 말이 옳고. 그렇지만 이 정도의 실수는 뭐 대수로운 것이 아니지."

라고 말했다.

워렌은 스스로를 비판하면서도 흐뭇했다. 자기 비판으로 상처를 받은 것보다 상대의 공격을 미리 막아 버려 더 이상의 비난을 받지 않게 되었기 때문이다.

상대의 성격을 미리 파악하여 논쟁에 대비하는 이는 능숙한 화법으로 자기를 가꿀 줄 아는 사람이다. 그런 여유 없이 임기응변으로 그때그때 난국을 피하려 하거나 반박하려 하면 상대는 더욱 힘을 얻어 논쟁을 커지게 한다.

"싸움을 준비하기 위해서는 비록 많은 것을 준비해야 하지만 싸움을 하면서 충분한 것을 얻고 이를 극복했을 때는 더 많은 것을 얻을 수 있다."

는 말이 있다.

논쟁에 대비하여 충분한 자료를 수집하고 '워밍업'을 철저히 하면 궁극적으로 성공은 당신의 것이다.

할렘가에서 하숙을 하는 한 청년이 몇 달 전부터 하숙비를 올려달라는 주인의 말에 시달리다 못해 직접 부딪쳐 보기로 했다.

먼저 그는 주인의 약점과 취미를 살폈다. 주인은 지독한 구두쇠라 주위 사람들의 호감을 받지 못하는 사람이었고 술을 지독히 좋아했다. 그날 저녁 그는 술을 준비하여 하숙집 주인에게 주며 집에 대한 칭찬과 보살핌에 감사하다는 뜻을 충분히 말해 주었다. 잔뜩 별러 왔던 주인은 한두 마디 끝에 곧 풀어져 그와 한 식구가 된 것처럼 즐거워하는 것이었다.

*02

설명은 승리의 열쇠이다

논쟁이나 감정의 대립이 제아무리 격렬하게 일어나더라도 서로에게는 반드시 일치되는 공통된 결론이 있게 마련이다.

사람들은 편견이나 선입관 때문에 토론을 벌이면 의견을 일치시키기에 노력하기보다, 자기의 주장을 관철시키는 일에 집착하게 된다.

그러나 자기 주장이 진정 건설적이고 훌륭한 것이어서 결과적으로 아주 적적할 것일 경우라면 상대자들을 효과적으로 설득하여 관철시킬 수 있도록 노력해야 한다.

그런데 시종일관 자기 주장만을 내세워 상대를 자극하게 되면 '어디 두고보자.' 하는 식의 반발심을 주어 좋은 효과를 얻을 수 없다.

논쟁 승리의 최대 무기는 자기의 지론을 상세하고 조리 있게 설명하는 데 있다.

밴저민 프랭클린 같은 우대한 사상가도 젊은 시절에는 남과 논쟁을 일삼는 나쁜 버릇이 있었다. 그는 이 버릇을 사교적으로 고쳐 훌륭한 사상가로서 역량을 쌓을 수 있었다. 프랭클린은 어느 날 퀘이커 교도인 한 늙은 친구가 해 준 말을 평생 잊지 않았던 것이다.

"자네에게는 이제 희망이 없네. 자네 의견 속에는 자네와 의견을 달리하는 다른 모든 사람에 대한 반발이 들어 있어. 그 의견이 너무 도도하게 달리기 때문에 아무도 자네를 상대하여 주지 않는 것이네. 자네 친구들은 오히려 자네가 없는 사이를 더 즐기고 있어. 모두들 자네와 가까워지려고 노력하지 않아. 그 이유라면 불평과 불만을 불러일으키는 고역이 싫어서이지. 자네가 더 이상 언쟁만을 일삼다가는 자네가 가진 작은 지식 외에는 더 이상의 지식을 가질 수 없을 것으로 생각되네."

프랭클린은 자기의 악습을 통감했다. 결코 논쟁을 일삼는 일이 자기의 발전에 조금도 도움을 주지 않는 것임을 실감한 것이다.

그리고 그 친구는 주위 상황의 설명을 충분히 해 주었기 때문에 프랭클린을 설득하는 데 성공한 것이었다.

논쟁을 할 때는 논리적인 말로 시종 말싸움을 해야 한다. 논리적이란 말은 극히 추상적 개념에 속하는 말일 수 있다. 논리에 강한 사람은 구체적으로 설명을 하면 약해진다. 설명은 논리를 가려 버리는 장막이다.

SMS 광고회사의 영업부장인 맥카베 씨는 다혈질이어서 고객이 카피에 대해 트집을 잡으면 곧,

"그 이유가 뭐요?"

하면서 논쟁하기를 곧잘 했다. 그러나 광고회사 쪽에서 생각할 때, 그가 광고에 대해서는 해박한 상식을 지니고 있는 점은 인정하지만 매상이 결코 만족할 만한 선에 도달치 못했으므로 사장이 직접 그를 설득키로 했다.

"손님들에게 언쟁을 일으키는 투의 말씨는 도움이 안 되네. 어떤 고객이

라도 그들은 자네보다는 광고에 대한 상식이 부족하여 잘 알지 못하네. 앞으로는 그들이 비상식을 부드럽게 지적하여 설명하도록 하게."

그 후 그는 자기의 성격을 억제하고 고객의 질문과 불평에 세세한 설명을 하여 만족한 결과를 얻었다.

*03

열등의식을 자극한다

   수준 낮은 토론이 벌어지면 어쨌든 해결의 실마리를 찾기 힘들다. 말이 토론이지 수준이 낮다는 것은 언쟁 혹은 입씨름이라고 표현해도 과언은 아닐 것이다. 이때 어느 한편이 논쟁의 실마리를 푼다면서 자기 딴에는 수준 높은 언어를 골라 사용한다 해도 논쟁의 소용돌이는 가라앉지 않는다. 곱지 않은 대화가 오고갈 때는 정상적인 언어를 사용하는 것보다 직선적으로 상대의 결함을 꼬집어 줄 일이다.

   예를 들어 상대의 신체 부분 중에서 결정적으로 결함이 있는 부분을 지적하면 상대는 자기의 추한 면이 꼬집히는 것이 싫어 논쟁을 그치게 된다. 마찬가지로 지위의 높고 낮음, 능력의 있고 없는 것도 논쟁 중에는 훌륭한 무기가 된다.

   아무튼 자신의 결함이 노출되면 자기가 결정적으로 불리해진다고 느끼기 때문에 논쟁을 회피하게 되는 것이다. 사실 이러한 방법은 졸렬하고 비열한 수단인지는 모르지만 논쟁에 이기지 못하면 내가 어느 틈에 상대에게 공격을 당할지 모르기 때문이다.

한때 상스러운 표현으로 말미암아 영국에서는 책을 배부한 자를 붙잡아 가두도록 만들었던 프랑스 작가 E. 졸라의 〈목로주점〉이란 작품을 보면 프랑스의 하류 계급 여인이 둘 등장하여 설전을 벌인다.

"야, 이 깡패 같은 년아! 이거나 처먹고 때나 벗겨라. 가끔 낯짝이라도 씻어야지!"

"오냐, 좋다. 네년의 소금기를 닦아주마. 이 대구 같은 계집년아!"

"야, 이년아. 이거 한 잔 더 먹고 이빨이나 닦아라! 거기다 화장이나 범벅으로 해서 베롬의 골목에서 몸뚱이나 팔려무나."

수준이 낮은 논쟁에서는 이처럼 논리나 언어의 질이 문제가 되지 않는다. 설사 이치에 타당치 않고 말장난에 지나지 않는다 하더라도 자기의 불만이 해소될 수 있다면 아무런 상관이 없다고 느껴지기 때문이다.

대개 신체적인 결함의 보기를 든다면 비만증·절름발이·말라깽이·메주코 등의 상스러운 표현으로 말할 수 있고, 지위의 예로는 사생아·과부·사기꾼·거지 등이 있으며, 능력의 예로는 음치·바보·게으름뱅이 등의 표현이 있다. 사람들은 누구든 열등감이 없을 수 없다. 정도의 차이는 있을지라도 열등감이 없는 인간은 흔치 않다. 열등감이 수치심으로 직결되는 것은 인간의 이성 때문이 아니고 동물적 반응이다. 동물적 감정을 자극하면 열등한 자는 뒤로 물러서고 우월한 자는 기세가 높아진다.

더욱 열등한 자는 수치심으로 아예 침묵해 버리기도 한다. 파면 팔수록 커지는 것이 구멍이듯, 상대가 논쟁 중에 나의 결함을 지적하면 할수록 약점은 비화되어 종래 사소한 것도 침소봉대가 되어 돌이킬 수 없는 상처를 받게 되므로 누구든지 의식적으로 자기를 보호하고자 한다.

수준이 낮은 논쟁에서도 동물적인 우월감을 교묘히 자극하여 승리를 꾀할 일이다.

구체적으로 말한다

논의가 올바르게 전개되지 않고 논의를 위한 논의로 대화가 진행되어 마침내 논쟁으로 이상스럽게 휩쓸려 들어갈 때가 있다.

서로 논리적인 면만 강조함으로써 야기되는 이러한 경우에는 쌍방이 모두 해결의 실마리를 찾지 못하게 된다.

이럴 때는 능숙한 대화 능력을 갖추지 못한 것을 걱정할 필요는 없다. 차라리 즉시 논쟁의 종식을 꾀할 일이다. 따라서 논쟁을 얼버무릴 수 있는 방향으로 상대의 심리를 묶는 일이 필요하다.

심리를 묶어 놓아 논쟁이 계속됨을 막기 위해서는 추상도가 낮은 언어로써 응수하면 된다.

추상도가 낮다는 것은 명분이나 이론을 앞세운 언어가 아니고 구체적인 사실을 확연히 알 수 있는 어휘여야 한다는 뜻이다.

이렇게 비근한 일상 생활을 예로 들어 추상적인 개념을 사실화시키고 쉽게 이해하도록 하는 것이다.

수금사원이 월부책 값을 받으려고 어느 가정을 방문했다. 그 집주인은 이 핑계 저 핑계를 대가면서,

"이번에 무슨 일을 하느라고 돈이 없다."

고 수금사원을 애타게 하였다. 그러자 수금사원은 시종일관,

"물건을 사셨으면 돈을 주셔야죠."

이 한마디로 일관하였다. 주인은 그만 수금사원의 노골적인 요구에 기가 죽어 책값을 주지 않을 수 없게 되었다.

만일 이때 수금사원이 주인에게 섣불리 응수했더라면 분명히 주인은 이러저러한 이유를 들어 결제할 수 없는 것을 상식화하려고 꾀했을 것이고, 수금사원 역시 그에 맞서 결제를 종용하다 결국 논쟁을 일으켰을 것임은 자명하다.

추상도가 낮은 말은 노골적인 성질로 말미암아 지각을 마비시키고, 감정을 자극시켜 심리적으로 위축감을 야기시킨다. 그런 한편으로 상대를 현혹시키는 작용도 한다. 이런 성격으로 인해 상대의 논리를 무너뜨리고자 할 때 추상어가 아닌 사실 개념의 언어를 사용하면 묘사나 표현이 노골적이 되어 논쟁의 승리를 가져다준다.

그렇다면 '구체적'이란 것은 어떠한 것인가?

⊙ 실물을 보여준다

실물 교육은 진짜 칼로 무엇인가를 베는 것과 같은 박진감이 느껴진다. 모형을 사용하는 것은 그 응용이라고 생각해야 한다.

회사들도 기계의 조작법, 작업의 수순 등을 가르칠 때 이 방법을 사용하는 경우가 많다.

신입사원 교육 등에서 어느 정도의 이론을 마스터한 다음 현장에서 직접 작업하면서 하는 실기교육은 상당한 효과를 올리는 것이다.

'시켜본다.'는 것은 단순히 알게 된다는 것뿐만 아니라 기술을 익힌다

는 점에서 극히 효과적이다.

세일즈맨이 상품을 보이는 것도 이에 해당된다.

이것은 강력한 설득력을 갖는다.

백화점 상품이 잘 팔리는 것도 신용 때문이기도 하겠지만 물건이 많으므로 실물에 의한 비교가 가능하기 때문이다.

⊙ 사진이나 그림을 보여준다

말로 표현해야 좋은 경우도 분명히 있다.

시나 노래 등의 깊이나 여운은 말이 아니면 제대로 표현할 수가 없다. 그러나 알게 해준다는 점에서 본다면 사진이나 그림으로 나타내는 편이 훨씬 효과적이다. 점심 시간에 배달되는 도시락 선전용 팜플렛도 컬러 인쇄로 되어 있고, 라디오 방송보다 텔레비전 방송이 훨씬 더 설득력이 큰 이유도 여기에 있다.

⊙ 도표 · 통계를 보여준다

한눈으로 비교할 수 있다는 장점이 있다. 특히 물리적인 크기와 넓이로는 단순 · 명쾌하게 그 차이를 알릴 수 있다는 이점이 있다.

이것 또한 이해만이 아니라 '역시!' 하는 느낌을 준다는 점에서 설득력이 크다.

자기는 숫자에 약해 도표나 통계를 사용한 것은 좀처럼 이해할 수 없다는 사람도 있지만, 이것보다 효과적인 표현 수단은 없다.

⊙ 실례(實例)를 인용한다

추상적인 이야기일수록 구체적인 실례를 들어주면 훨씬 알기 쉬워진다.

실물을 보일 수 있다면 좋지만, 이야기의 내용에 따라서는 감각에 호소할 수 없는 것도 있다.

이러한 경우, 실례는 말과 일치됨을 뒷받침해 주는 극히 중요한 기능을 하는 것이다.

*05
끝맺는 말에 숫자를 이용한다

끝 수 처리와 구매자의 함수관계는 미묘하게 전개되어 구매 욕구를 충동질하는 것으로 알려져 있다. 그런데 말에 있어서도 끝 수 처리는 효과를 십분 나타낸다. 만약 돈의 액수를 밝히는 데 일금 1백만 달러보다는 1백1만 달러라고 하는 편이 훨씬 구체적이다.

금융가에서 하루는 다음과 같은 사실을 발견했다.

은행에서 각 기업의 융자 신청을 받다 보면 그 요청 금액이 모든 십 단위 혹은 몇백, 몇천 단위에서 끝나고 마는 것이다.

예를 들어 2백만 달러를 신청하는 경우가 있고 2천만 달러를 청구하는 경우도 있으며 5청만 달러를 청구하는 경우 등 모두 한 가지 금액의 표시로 끝나 있다는 것이다. 그런데 소규모 섬유 가공업자가 적어낸 청구서를 보자 91만 달러였다.

처음에는 '95만이나 90만 달러를 청구하지 하필 91만 달러일까?' 하고 궁금하게 생각했으나 자신도 모르게 1만 달러라는 단수에 끌려 신용하고 싶은 충동이 일어 선선히 융자를 해주었다.

그는 가공업자가 1만 달러를 더 필요로 하는 사업가인가 보다 하는 신뢰감을 느꼈던 것이다.

이와 같이 끝 수를 가지고 사람의 호기심을 자극하고 신용을 높이는 사례는 퍽 많다.

어떤 상품의 경우 순도 99.9%라고 표시되어 있고 또 다른 어떤 상품에는 99.33%라고 적어 신뢰하고픈 심리를 부채질하는 예도 있다.

적어도 최고급이라는 표현을 쓴다거나 비견할 수 없다는 인상을 주기는 어렵다. 그렇기 때문에 오히려 최상의 형용사를 사용하지 않고 진실된 성의를 보이는 것이 훨씬 효과적이다.

양복을 새로 맞추려는 사람은 값의 고하를 따지기에 앞서 예전의 신용과 기술을 먼저 고려하게 된다.

이와 마찬가지로 인간 관계를 엮어감에 있어서도 막연한 논리에 집착하기보다 구체적인 사실에 한정하여 대화를 전개하면 효과가 있다.

상대에게 긴밀하고 친근감이 있게 다가가려면 내 쪽에서 일보 후퇴하는 아량과 함께 믿고 싶다는 충동을 불러일으켜 주어야 한다.

말하자면 '단수언어'를 활용하는 것이다. 우리가 집착하고 있는 의례적?형식적인 언어의 범주에서 벗어나 조금이나마 이례적인 방법을 사용하면 기대 이상의 효과가 생긴다. 특히 언어의 단수처리로 효과적으로 살리면 효과는 배가된다. 보통의 흔해빠진 대사나 용어를 사용하지 말고 어미에 이례적인 어투를 삽입함으로써 평행한 대화에서는 얻을 수 없는 믿음성을 얻는 것이다.

진실이 뒷받침해주는 언어는 항상 최대의 무기이기 때문이다.

*06

논쟁이 확대되지 않도록 한다

논쟁에서 승리를 얻는 것만이 절실한 것은 아니다. 벤저민 프랭클린도,
"논쟁하거나 반박하거나 하면 상대에게 이길 수도 있지만 그것은 헛된
승리이다."

라고 말했다. 그러나 굳이 논쟁에서 승리를 거두어야 할 경우라면 먼저
상대의 입을 봉쇄시켜야 한다. 어떤 말이라도 상대가 계속 지껄이는 한 나
의 주장을 내세울 수가 없으므로 될 수 있는 대로 확대되지 않는 범위로
논쟁을 압축하여 종결짓도록 한다.

오훼아라는 트럭 세일즈맨이 있었다. 그러나 아무리 노력해도 트럭이
한 대도 팔리지 않는 것이었다. 그가 고객과 대화를 나누는 것을 보면 언
제나 싸움을 하는 것처럼 감정이 격해졌다. 할 수 없이 그는 자기의 세일
즈 화법을 바꾸기로 결심하고 고객을 다시 찾아갔다.
"화이트 트럭에 관해서 말씀드리려고 왔습니다."

그가 이렇게 정중하게 말을 걸자 상대는 대뜸.

"화이트? 나 그런 거 몰라. 트럭을 사려면 후즈위트의 트럭을 사겠소. 화이트 트럭은 공짜로 줘도 안 받는다구."

이쯤 되면 또 그의 버릇대로 한바탕 소란이 벌어질 것이었으나 그는 꾹 참고 상대의 말에 동감한다는 듯 말했다.

"그렇습니다. 선생님의 의견에 저도 동감입니다. 후즈위트 트럭이라면 회사도 훌륭하고 제품도 훌륭합니다."

이렇게 말하자 상대는 더 이상 싫은 소리를 하지 못하고 그는 말을 듣는 것이었다. 그는 곧 자기가 팔고자 하는 화이트 트럭에 대한 자세한 설명을 했다. 이렇게 해서 그는 트럭 세일즈에 성공했다.

예전의 그였다면 자기의 상품을 욕하는 고객을 상대로 대판 설전을 벌였을 것이나 논쟁이 확대되면 결국 자기만 불리해진다는 사실을 깨닫고 논쟁의 확대를 막아낸 것이다.

벤 상호 생명보험 회사에서는 외무원의 지침으로 다음과 같은 방침을 확립하고 있다.

- 다투거나 토론하지 말 것

진정으로 외무에 능한 것은 토론을 잘 하는 데 있는 것이 아니다. 토론의 토론자도 필요 없다. 인간의 마음이란 토론한다고 변하는 것이 아니다.

*07

논쟁에서 승리해도 의연한 자세를 취한다

　노골적으로 자신이 승리했음을 자로 잰 듯 말하여 상대에게 포기를 종용하는 말은 효과가 없다. 누구라도 자존심이 상하는 비굴한 꼴을 보이기는 싫은 법이다. 더욱이 패배가 확실한 것이라는 사실을 강조하면 그는 거꾸로 그 기정 사실을 뒤엎으려고 획책하기도 한다.

　그러므로 노골적이기보다는 진지하게 상대와의 논쟁을 끝내는 데 주의해야 한다.

　상대의 패배는, 나의 화법이 세련되었다거나 약점을 잘 포착해서가 아니라 실제적으로 이론을 입증하는 데 있었음을 상기시키는 것이다.

　진리 앞에서 무릎을 꿇는 것을 수치로 아는 사람은 없다. 그러므로 논쟁에서 패배한 것은 감정의 패배가 아닌 지식의 패배임을 증명해준다. 물론 어떠한 패배도 관용으로 받아들일 사람은 없겠지만 상대의 감정을 손상시키기보다는 아는 것이 부족함을 인식시켜주는 편이 훨씬 자기 보호적이다.

어떤 교회에서 유명한 설교자가 죽자 후임자를 초빙했다.

그는 가장 훌륭한 연설을 하기 위해서 설교 내용을 몇 번이고 고쳐 쓰고 정성을 다했다. 그리고 그것을 아내에게 먼저 보이고 충고를 부탁했다. 설교문은 빈약했다. 그러나 부인은 남편과의 의견 대립을 피하고자 하는 의도에서,

"이 원고는 신문에 투고하시는 게 좋겠어요. 그러면 아마 훌륭한 글이 될 거예요."

라고 말했다.

그는 자기가 행할 연설이 가장 훌륭한 설교가 될 것이라고 믿을 만큼 원고에 대해서도 각별한 신경을 쓰고 있었으므로 부인이 만약 사실 그대로,

"이 원고는 형편없군요. 마치 백과사전을 읽는 것 같아요. 왜 좀더 인간미가 풍기지 않죠? 그만큼 설교를 경험하셨으면 이젠 훌륭한 원고를 작성하실 줄 아셔야죠!"

하고 비난을 했다면 어떻게 되었을까? 물론 그렇게 되었다면 남편은 기분이 몹시 상하여 곧 반발했을 것이 틀림없었다.

미리 이것을 염려한 그의 부인은 원고를 신문사에 투고하라고 말하여 간접적으로 지적해 준 것이었다.

신문에 투고하면 훌륭한 글이 될 것이라는 말은, 신문에나 적격인 그런 원고이므로 설교에는 좋지 않다는 뜻이었던 것이다.

미국의 다니엘 헵스터는 뛰어난 웅변가요 변호사였다. 당당한 풍채를 가지고 자기의 의견을 조리 있게 말하면 어느 누구라도 그의 의견에 동의하지 않을 수 없었다. 그러나 그는 아무리 격렬한 논쟁에 휩쓸려 들어가도 결코 흥분하지 않았다. 어떤 논쟁이라도 온건한 태도로 사실을 논리적으

로 이해시키려고 힘썼다. 그것도 고압적인 어투로 하지 않았다.

자기의 의견이라기보다 객관적인 사실을 말하듯 했다. 따라서 그의 의견에 동의하게 된 논쟁의 상대는 어느덧 그의 지식에 머리를 숙이고 만다. 이것이 웹스터가 논쟁에서 승리한 힘이었다.

논쟁에서는 승부에 초연한 듯 말하라. 상대의 감정을 꺾으려고 할 것이 아니라 사실에 대한 인식이 부족함을 강조해 주라.

제12장

세일즈 성공의 비결

*01

방문시에는 **부담감**을 주지 않는다

세일즈맨의 첫째 조건은 철저한 행동력에 있다. 실제 고객과 접촉하여 판매를 촉진시키는 것이 세일즈맨의 필수 조건이다.

세일즈 계획을 수립하려면 우선 구매가 가능한 상대와 불가능한 상대로 분류해야 한다. 그것은 판매 가능한 고객에게 접근하기 위해서다.

따라서 방문은 가장 기본적이면서도 세일즈의 주류를 이루는 방법이다.

방문을 할 때는 우선 사전에 고객에 대해 면밀히 자료를 분석해야 한다.

성격, 취미, 환경 등을 아울러 알 수 있으면 더욱 좋다. 이렇게 되면 먼저 예비 방문을 실현한다.

예비 방문이란 그저 고객에게 얼굴을 익히는 것이고, 결코 처음부터 세일즈하고자 하는 속마음을 노출시켜서는 안 된다.

"오늘은 사주십사해서 온 것이 아닙니다. 그저 인사차 왔습니다. 한 5분만 실례해도 되겠습니까?"

이렇게 정중히 말하고 나서 상대방의 마음을 재빠르게 읽는다. 상대가 부담을 느끼지 않고 가볍게 받아들이면 이어서 간단한 질문을 던진다. 그리고 예정된 시간이 되면 곧 자리를 뜬다.

고객이 일단 나를 경계하거나 귀찮게 여기게 되면 몇 번의 방문을 해도 별로 진전이 없다.

포드 자동차의 영업 사원 크레이크 씨는 이 업계의 베테랑으로 유명하다.

그는 언제나 방문으로 자신의 목적을 달성하곤 했다. 그의 방문을 도식화해 보자.

우선 최초의 예비 방문을 A로 하고 그 다음에는 A＋1 또 그 다음에는 A＋2, 이런 식으로 도전한다. 만족할 만한 결과를 얻지 못했을 때도,

"다음 기회에 찾아 뵙겠습니다. 오늘 말씀 듣고 보니 도움이 많았습니다. 대단히 실례가 많았습니다."

라는 말을 잊지 않는다.

그런 다음에 본격적인 세일즈에 들어간다. 그렇다고 해서 예비 방문 때와 달리 적극적이고 노골적인 화법을 쓰지 않는다.

어디까지나 최후의 순간까지 상대가 방문을 가볍게 받아들일 수 있는 분위기를, 결과를 얻지 못했을 경우에는 다시 한 발자국 물러가서 다시 시작한다. 어떤 때는 항상 A에 머무를 때도 있다. 그러나 크레이크 씨는 절대로 초조하게 생각하지 않고 끈질기게 접근을 계속한다. 결국 고객은 크레이크 씨에게 호감을 갖게 되고 그가 권유하는대로 움직인다.

고객의 마음에 부담을 주지 않고 상대의 마음을 사로잡기 위해서는 분위기의 조성이 중요한 것이다.

절대적으로 필요한 것임을 강조한다

꼭 필요한 것은 누구라도 외면하지 않는다. 필요하다는 것은 곧 효용 가치가 있다는 뜻이다. 가치가 있는 것을 포기하는 것은 바보스러운 짓이다. 고객이 망설이게 되는 첫째 원인은 먼저 효용 가치가 있을 것인가 하는 의혹에서 비롯된다. 그러므로 땅 위에 굴러다니는 유리 조각을 가지고 세일즈 하지 않는 이상 어떤 상품이라도 고객에게 필요가 있다는 것을 주지시키면 관심을 끌 수 있다. 고객의 잠재적 필요 심리를 발견하여 눈뜨게 하는 것이 세일즈맨의 할 일이다.

인간은 본래 이기적인 동물이다. 자기에게 필요치 않다고 생각하면 회피하고 거절한다. 심지어 강요에 의해서 사거나 다른 사람들의 권유에 의해서 사게 되었을 때는 공연히 사는구나 하고 곧 후회하게 된다. 이러한 심리는 예방주사를 맞으면서 "아이구, 아파!" 하는 것과 마찬가지 심리로 궁극적으로 이런 심리를 해소시키지 못하는 세일즈맨은 능하다고 할 수 없다.

자기가 팔고 있는 상품이 어떠한 효용 가치를 가지고 있는지, 그것이 고객에게 어떠한 도움을 주는지를 전문가의 입장에서 상세히 설명하여 필요의 분위기를 조성해야 한다. 필요 심리를 유도하기 위해서는 지적인 판단력을 자극해야 한다. "사고 싶다", "살 필요가 있다"고 하는 것은 기분 문제 즉 감정적인 문제지만 효용의 가치가 있다 없다 하는 문제는 이지적인 판단에 의해서 결론이 나게 된다. 어떻게 보면 고객이 지적인 판단으로 평가를 내린다는 것은 세일즈하기에 수월하다고 할 수 있다는 뜻도 된다. 세일즈맨이라면 자기가 들고 다니는 상품에 대해서 최소한의 상식은 지녀야 하며 나아가 논리적인 설명 능력과 함께 효능에 대한 과학적인 상식도 갖추어야 하므로 고객의 지적인 판단을 유도하기는 쉬운 일이라고 할 수 없다. 세일즈맨은 고객에게 필요성을 자극하기 위해 필요한 모든 논리적 근거와 설명을 준비해야 한다.

그런 한편으로는 세일즈하고자 하는 것이 어떤 상대에게 필요한가를 연구해야 한다. 낚시에 전혀 취미 없는 사람에게 낚싯대를 세일즈 할 수 없다. 여행할 의사가 전혀 없는 사람에게 항공 티켓을 팔 수 없다. 결코 불가능한 고객을 상대로 세일즈를 성공시키려는 것은 어리석은 일이다. 고객의 입장에 서서 이것이 과연 상대에게 필요한 것인가를 다시 한번 고려하고 효용의 가치를 인식해 줄 수 있는 상대라고 판단을 내렸을 때 접근한다.

세일즈하고 거리가 먼 얘기지만 콜럼버스가 이사벨라 여왕에게 도움을 얻을 수 있었던 것은 여왕의 필요성을 자극했기 때문이다. 여왕은 그 당시 새로운 땅, 풍부한 재물을 필요로 하고 있었기 때문에 돈을 준 것이지 그냥 준 것은 아니다. 여왕은 자기의 만족을 채워줄 부에 대한 필요성이 절실했었다.

효용의 가치를 인식하는 일은 불가능을 가능으로 돌리는 원동력이다.

*03

효과적으로 호소한다

"선생님만 믿겠습니다."

이 말은 세일즈 화술 중에서 좋지 않는 화술 중의 하나이지만 계속 사용되고 있다. 그것은 이 말이 세일즈에게 유효한 패턴이기 때문이다.

상대를 전적으로 신임하면서 처분대로 해달라는 뜻의 저자세를 보이면 고객은 우월감을 갖는다.

그러나 이 방법은 독약 이상의 피해를 초래한다. 무엇보다도 싫증을 일으킬 수 있다. 거짓 권한을 준다는 기분을 주어 불안감을 형성시킬 수도 있고, 속이 다 보일 수도 있다. 게다가 업신여김을 당할 수도 있으므로 자신도 없고 확신도 없을 경우에는 바람직한 방법이 아니다.

그러니 일단 당신만 믿는다는 말은 인간적인 면을 중시하여 지적하는 것이므로 고객의 긴장된 마음을 풀어 줄 수도 있고 고객의 우월한 기분으로 거절은 쉽게 하지 못한다.

이 호소의 방법을 적용시킬 때는 다음의 몇 가지 기회를 알아야 한다.

1. 고객이 세일즈맨과 인간적인 관계를 맺고 있을 때 즉 안면이 있거나 이해 관계가 있을 때
2. 감정적인 사람이거나 의협심이 넘치는 사람일 때
3. 상대의 사회적인 지위가 높거나 허영심이 강할 때

첫 번째는 잘 아는 사람의 소개로 찾아갔거나 혹은 지난 번에 도움을 받았을 경우이며, 둘째는 감정적인 사람의 경우이며, 마지막으로 지위가 높거나 허영심이 강한 상대로서 호소의 방법이 주효한 경우이다.

"선생님같이 훌륭한 사람이 모르는 척해서는 어디 되겠습니까?"

라고 몇 마디만 하면 절대로 거절하지 못한다. 이 호소의 작전에 대해 프로 세일즈맨은 다음과 같이 말한다.

"세일즈맨으로서 의당 해야 할 설명은 다 했고, 이제 조금만 밀고 나가면 될 것 같은 상대가 망설이거나 할 때 최후의 방법으로 사용하면 성공을 거둘 수가 있다. 그러니 이와 같은 방법은 결코 남용을 해서는 안 된다. 상대와 처지에 따라서 묘하게 작용하기 때문이다."

즉 호소의 작전이 먹혀들 상황이 특별히 정해 있다는 것이다. 적어도 이 방법밖에 없을 때 사용해야 한다.

호소력과 판매는 상호 관계에 놓여 있다.

거만한 자세로 사정을 보아가며 판매를 할 수 있다면 그 이상 무엇을 바랄 수 있겠는가? 하지만 세일즈맨에게 그림자처럼 붙어다니는 저울추라는 것은 행동력 이상으로 강한 호소력을 요구하고 있다. 호소력이 없으면 설득이 주효할 수 없듯이 세일즈도 되지 않는다. 이것은 근본적인 문제이다. 따라서 이 호소력을 키울 필요가 있다.

흥미를 판다

상대에게 즐거움을 주거나 웃음을 주어 상품에 저절로 신경이 가도록 세일즈 포인트를 정확히 인식시켜야 한다. 가볍고 재치가 있는 이 방법은 차원 높은 광고 전략이라 할 수 있다.

그러나 요즘은 전파 매체에 의해 선전 방법이 널리 퍼져 모작이 빈번하므로 결국 서로 비슷한 수법이 되기 쉽고 독창성을 잃기도 쉽다.

그러므로 타회사에서 웃음과 재미에 초점을 둔 광고를 하면 우리는 진지한 선전에 치중하고 다른 회사가 진지한 선전 태도로 변화를 주면 우리는 다시 가볍고 재치있는 방법으로 전환할 필요가 있다.

하지만 코미디를 선전에 등장시키는 것은 상품 이미지와 전혀 다른 것이어서는 안 된다.

모작이라고 하는 것은 모방 특유의 속성을 가지고 있어서 정작 이미지의 연결이 불안정하게 되므로 항상 창조의 노력을 기울여야 할 것이다.

확실히 음악은 상품을 파는 데 있어서 매력을 지니고 있다. 그러므로 노래로써 고객의 흥미를 끌어 상품의 구매를 유도하려면 다음에 유의해야 한다.

첫째는 멜로디를 작곡하고자 할 때는 고객이 잠재적으로 친근감을 가지고 있는 것에 초점을 맞춘다.

둘째는 완성된 노래는 지속적으로 내보내어야 한다.

셋째 똑같은 가사라도 곡에 변화를 자주 주면 좋다.

스페인 계통의 영향을 받은 나라에서는 차차차 리듬이 흥미를 끌며 클래식이 강세인 유럽에서는 클래식 소품을 이용한 CM송도 효과가 컸다는 것을 알 수 있다.

모델을 사용할 때는 가급적 일류를 사용해야 한다는 점을 알아야 한다.

이렇게 상업 광고를 직접 프로그램과 직결시켜 성공을 거둘 수 있었던 것은 상대 즉 고객의 흥미를 끌어야 한다는 광고의 기본 정석을 잊지 않았기 때문이다.

이것은 설득에 있어서 유머나 위트로 부드럽게 목표를 유도하는 방법이 광고 선전에도 그대로 응용될 수 있다는 것을 단적으로 말해 준다.

흥미롭다는 것, 이것은 어쩌면 인간의 감정을 완벽하게 지배하고 있는 것인지도 모른다.

신상품임을 강조한다

.

새롭다는 말은 상품에 있어서 가장 중요한 이미지 메이킹이다. 비록 모델이 신형이 아닌 구모델이라 하더라도 새로 개조되어서 나온 것임을 강조하고 똑같은 내용물을 원료로 했다고 해도 새로 나온 것임을 확인시키면 구매자의 관심을 끌 수가 있다.

이러한 방법은 이미 여러 방면에서 활용되고 있다. 텔레비전 회사, 제과회사, 섬유회사 등에서 이러한 방법을 사용하고 있으며, 이런 방법을 사용하고 있지 않은 업종은 거의 없을 정도다.

오늘날 자동차 회사들은 소위 신형 자동차를 만들어내는 데 혈안이 되어 있으며, 새 모델이라 할지라도 차의 형태만 조금씩 다를 뿐이다.

그러나 회사마다 나름대로 선전하는 방식이 있다. 무엇보다도 새롭게 탄생했다는 신선감을 인식시킨다. 고객들은 새로 나왔다는 선전에 마음이 끌려 그 새로운 차를 보려고 한다. 이렇게 하다가 색다른 차에 관심이 사라질 때가 되면 '뉴'라는 접두사를 붙이든지 아예 이름을 갈아치우고 또다른 상품명을 도입하여 선전한다. 그러는 사이에 고객은 언제나 신선하다는 이미지에 마음이 끌려 단골이 되고 만다. 선전에 있어서 이러한 신선한 인상을 주는 것은 판매고와 직결된다.

신선한 이미지를 주는 데 실패하게 되는 경우는 주로 질적인 우수성을 고집하는 데 있다.

상품의 질은 일단 구매를 해야 알 수 있는 것이다. 구매가 성립되지 않고는 아무리 최고의 품질이라 하더라도 증명할 길이 없다. 따라서 고객의 흥미를 돋구는 데 내용만으로 어필하고자 하는 노력은 무리이다. 현대의 상품 전쟁에서는 감각과 지각을 총동원해야 승리할 수 있다.

구태의연한 것은 바로 식상한다. 고객의 흥미를 감퇴시키는 요인은 똑같은 맛, 똑같은 포장이다.

절대적인 신뢰를 얻어낸다

고객에게 상품을 팔기 위해서 세일즈맨은 상품이나 자기 회사, 또는 자기를 완전히 신임할 수 있도록 하지 않으면 안 된다.

고객은 처음부터 이러한 신임을 기대하고 있지는 않지만 세일즈맨 화법 하나하나에 따라 신용도를 가늠하기 때문에 신용을 얻게 된다면 이미 절반은 성공했다고 볼 수 있으므로 신용이란 망망대해에서 불을 밝히는 등대와 같은 것이다.

그렇다면 신뢰감이란 무엇인가?

신뢰란 고객에게 상품에 대한 약속뿐만 아니라 세일즈맨 자신을 받아들이게 만드는 힘이다. 고객이 선뜻 허락을 내릴 수 있도록 신뢰감을 주는 것이 중요하다. 신뢰 관계에 있어서 약속은 무엇보다도 잘 지켜야 하는 요소이다.

어떠한 종류라도 신뢰에 금이 갈 약속을 해서는 안 된다.

여기에서는 철저한 기브 앤 테이크가 성공을 거두는 것이다.

인간 사회에 있어서는 신뢰가 실천의 가장 중요한 동기이다.

네덜란드 속담에 "가장 믿을 만한 신용은 현금이다"라는 말이 있듯이 이 경우에 있어서도 신용은 곧 현금화할 수 있는 것이다.

상품을 판매하는 세일즈맨에 있어서는 더욱 이 신용과 관계가 있는 것이다.

약속, 특히 고객과의 약속을 헌신짝처럼 생각하여 마음대로 버려도 된다는 생각을 하고 있는 세일즈맨은 성공하기 힘들 것은 확실하다.

고객은 세일즈맨의 말과 태도에 신뢰감을 얻을 수 있으면 기꺼이 응하려는 심리가 강하다.

*07

끈기 있게 나아간다

유능한 세일즈맨은 불가능한 상황에서도 무관심을 관심으로 돌려 놓는 능력이 있다.

이런 세일즈맨은 세일즈맨 자세에 대해서 이렇게 말한다.

"에스키모인에게 냉장고를 팔 수 있는 화술, 센스, 용기를 가지고 있어야 한다."

냉장고는 추운 북극에 사는 에스키모인에게는 무가치하다. 그러나 바로 이런 것을 팔 수 있는 능력을 세일즈맨은 갖추고 있어야 한다.

그러니 이것은 전혀 불가능한 것이 아니다.

광고업계에서는 이미 초능력을 인정받은 SMS 광고대행 회사의 사장인 로이스는 이렇게 말했다.

"나의 자세한 설명에도 고개를 끄덕이지 않는 고객이 있다. 물론 그는 나의 소문을 이미 잘 알고 있었으므로 특별한 상품이 아니고는 아예 관심을 가지지 않는 것이 최고의 방어라고 생각하고 있음을 나는 알고 있었다.

그럴 때 나는 그의 심리를 자극한다. 그래서 그는 못 들은 척해도 나는 계속 말을 한다. 그가 '지금 무슨 말을 했던가?' 하고 딴청을 부려도 나는 계속 말을 한다. 그러면 끝내 그는 나의 말에 동의를 한다."

로이스의 설득 방법은 "노"라고 작정한 상태를 끈질기게 물고 늘어져 끝내 설득의 굴레를 씌우는 것이다.

거절을 위한 거절을 준비한 상대와 대화를 하게 되면 누구나 당황하게 된다.

이치에 맞지 않는 반론을 제기하기도 하고 전혀 요구와는 거리가 먼 이야기를 가지고 거절을 하기도 한다.

이런 사람에게는 어떤 방법으로든지 입을 막는 것이 상책이다.

말문을 막아 더 이상의 이유를 끌어낼 수 없도록 한다. 그리고 나의 요구 조건을 끈질기게 설명하면 모두가 승낙하고 만다.

무관심과 불신에서 오는 거절이라면 먼저,

"네, 그럴 수도 있겠지만, 하지만……."

하고 단서를 달아 고객의 흥미를 끌어내어 나의 말을 듣고자 하는 심리를 조성시켜야 성공할 수 있다.

다음으로 물건의 질을 논하거나 금전적으로 구매할 능력이 없다고 거절의 이유를 밝힐 때는 그에 대한 합리적인 설명을 하거나 금전적인 부담을 덜어주어 충동의 심리를 자극한다.

한 세일즈맨이 남보다 항상 뒤떨어지는 심리적인 부담을 갖고 있었다. 그는 자기 세일즈 방법을 곰곰이 생각해 보았다.

그는 고객이 거절하면 꼭 "왜 그러십니까?" 하고 묻곤 했다.

결국 그는 응대가 절대적으로 불리하다는 것을 깨닫고 다음부터는

"네, 좋습니다. 그러나……."

의 말로 바꾸었다.

세일즈맨은 우선 상대의 의견을 납득한 것처럼 수긍해 주어 상대의 부담을 덜어 준 다음 다시금 설명하기로 한 것이다.

마침내 그의 실적은 급상승하기 시작했다. 한마디의 변화가 엄청난 행운을 가져다 준 것이다.

*08

자신의 화법을 재검토한다

상품을 선전하여 구매하도록 하는 데에는 말이 주체가 된다. 말은 상품 내용 그 이상의 영향력을 발휘한다. 그래서 화법이 능숙하지 못한 세일즈 맨은 불량 상품처럼 고객의 흥미를 끌지 못한다.

적어도 구매력이 잠재되어 있는 고객을 대할 때 화법은 최소한으로 갖추어야 할 조건이다.

세일즈 화법에는 어떤 요소가 내포되어 있는가?

첫째, 열의가 있어야 한다. 서투른 말이라도 진실성이 있고 열의가 있으면 구매자를 사로잡는다. 세련되고 능숙한 화법이라도 열의가 없으면 인정받지 못한다.

둘째, 세일즈맨은 자기 이야기를 즐길 줄 알아야 한다. 이야기를 즐긴다는 것은 스스로 자기 이야기 속으로 심취해 들어가 기꺼이 말을 할 수 있어야 한다. 고객은 때로 매우 민감하여 세일즈맨이 자기 이야기를 흥미 없이 하면 곧 싫증을 낸다.

마지막으로 개성적인 화법을 활용하는 일이다.

세일즈맨 하면 누구나 연상할 수 있는 공식적인 이야기로는 결코 고객을 사로잡지 못한다.

당신이 화장품을 파는 세일즈맨이라면 꽃의 이야기로 시작하여 상품을 선전하는 것이 세일즈맨의 공식적인 화법이라면 이제는 나비로부터 시작하여 이야기를 전개시키는 것도 한 방법이다. 개성있는 화법은 항상 독특한 맛을 풍기며 항상 신선하고 흥미롭다.

이상의 세 가지 화법을 갖추었다면 화법에 있어서는 수준급이라고 할 수 있다.

실패자들의 세일즈 화법은 대개가 전혀 생기가 없는 것이 특징이다. 그러므로 생동감 넘치는 활발한 화법으로 무장해야 고객은 믿는다.

만일 고객으로부터 거절당하여 설득에 실패했다면 다음의 몇 가지를 점검할 필요가 있다.

■ 점검 사항

1. 상대의 심리 분석이나 상황 판단에 미흡하여 상대의 타입에 맞는 화법을 구사하지 못했는가?
2. 고객의 반대나 고충에 대하여 직선적인 반격을 가한 것은 아닌가?
3. 일방통행적인 화법을 구사한 것은 아닌가?
4. 상담의 운영 방법이 나쁘지 않았는가?
5. 이야기를 조리있게 조립하고 명확하게 요점을 제시하지 못했는가?
6. 시종일관 목적 의식을 가지고 크로싱을 향해 일직선으로 진행하지 못했는가?
7. 설명력이 부족한 것은 아닌가? 혹시 중요한 대목을 빠뜨리지 않았는가?

8. 셀링 포인트를 되풀이 설명하지 못한 것은 아닌가?
9. 상대의 질문에 자신있게 대답하지 못했는가?
10. 이론에 치중한 나머지 구체적인 이미지를 전달하는 데 실패했는가?

　이상과 같은 것을 한 마디로 요약한다면 계획적인 판매 방법을 트레이닝을 했느냐 하는 점이다.
　어쨌거나 이와 같은 문제점을 반성함으로써 세일즈 화법은 급격히 발전될 것이다.

실패의 원인을 분석한다

어떤 일에 실패한 사람에게 이미 지나간 일이니까 잊어버리라고 하면 모두가 위로하는 사람의 진의를 무시하고 만다. 특히 실연한 사람은 이 말을 들으면 더욱 슬퍼하는 것이 인간의 감정이다. 어떠한 특별한 치료 방법이 없이는 새로운 방법으로 돌이킬 수가 없다. 마찬가지로 세일즈에 실패한 사람의 감정의 충격도 대단히 크다.

프로이드는 신경증환자를 치료하기 위해 자유연상법을 고안해 냈다.

자유연상이란 실연당한 사람에게 떠나간 사람의 이미지를 떠올리게 하여 점차적으로 이미지를 산출하는 방법이다. 우리가 실패를 당했을 때 생기는 고통은 실패의 원인이 된 이미지가 뇌리를 벗어나지 않기 때문이다.

프로이드의 이론대로 어떠한 경우의 사람들에게도 이러한 자유연상법을 사용하면 거의 대부분 치유된다.

자유연상법이란 언어에 의해서 이루어진다. 그러므로 실패의 관념에 허덕이는 세일즈맨들은 우선 관념의 너울을 언어화시키는 것이 중요하다.

언어화된 관념들은 다시 확대되고 연상에 의하여 이미지를 연결시키면 새로운 희망의 관념이 싹트게 된다.

처음 세일즈의 간판을 이마에 써붙이고 방문을 하게 되면 누구나 얼마만큼의 공포를 느끼게 된다. 비록 방문하는 집이 화려하고 어마어마한 궁궐이 아니더라도 세일즈맨의 입장에서 보면 마찬가지이다.

그렇기 때문에 이 공포를 해소치 못하고 실패를 하면 절망에 빠져 다시 하고자 하는 의욕을 상실하게 된다.

그리고 이러한 실패에 대한 이미지는 계속 뇌리를 자극시켜 활동능력을 저하시키고 용기와 도전 의욕을 감퇴시킨다. 그러므로 이런 실패의 경험이 있으면 프로이드의 이론대로 자유연상법을 이용하여 공포의 이미지를 전환시켜야 한다.

먼저 고객으로부터 상품의 질이 나쁘다고 평을 받았으면 그 말은 상대의 편견 때문일 것이라는 단정을 내린다.

다음으로 고객의 말을 언어화하여 외부로 표현한다. 기억의 심층부에 자리잡고 있는 감정을 남김없이 털어버린다.

매사를 자기에게 유리하도록 이미지를 전개시키는 것이 좋다. 이미지를 언어로 표현하게 되면 새로운 연상에 의해 의욕이 생기게 된다. 세일즈맨에게는 의욕이 최고이다. 무엇에나 부딪쳐 볼 수 있는 자극이 되기 때문이다.

사람의 마음속에는 언제나 두 가지 대립적 인식이 싹트고 있다. 의식과 무의식이 바로 그것이다. 의식은 실패의 요인을 새롭게 바꾸려고 하지 않는 반면 무의식은 자꾸 의식을 흡수하여 새로운 이미지로 방향을 바꿀 것을 종용한다.

그러므로 실패의 이미지를 바꾸려면 무의식에 의한 연상법을 연마해야 한다.